AF261945

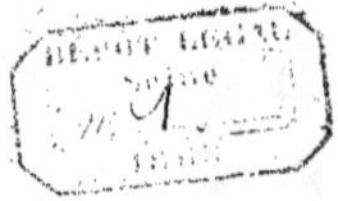

OEUVRES D'ART

ANCIENNES ET MODERNES

TABLEAUX, DESSINS, SCULPTURES, GRAVURES, CURIOSITÉS, ETC.

LE MUSÉE
UNIVERSEL

PAR

ÉDOUARD LIÈVRE

AVEC LE CONCOURS

DES ARTISTES ET DES ÉCRIVAINS LES PLUS DISTINGUÉS

1re Série.

GOUPIL & Cie.

PARIS, 19 BOULEVARD MONTMARTRE, ET RUE CHAPTAL 9

MDCCCLXVIII

Droits de traduction et de reproduction réservés.

Livraison

Paris, le 22 Mars. 1870.

Musée universel par Ed. Lièvre.
Planches. Tomes I et II

Nous n'avons que :

Promenade vénitienne
La Servante
le Printemps
Jean Berger
Ronde d'enfants

2643

Écrit à M.
Lièvre le 20
Avril 1870.

Doubl[e] l[a] feuille de texte du 1er
volume
Édouard Lièvre, Peintre - Artiste
B[d] S[t] Martin. 11

20 avril 70

Nous n'avons rien pu obtenir.
31 mars 1871.

———

Monsieur,

Je vais réclamer à l'imprimerie
Jalmar ce qui devrait vous être
remis depuis longtemps.

Je vous remercie Monsieur,
de votre bon avis et vous
prie d'agréer l'assurance
de mes sentiments les plus
distingués.

Édouard Grévy

Musée (le) universel. — <u>Planches</u>.

<u>1re Série</u>.   Manquent :

(1) - Portrait d'Andréa Salaï, d'après Léonard de Vinci.
(2) - Costume de femme, d'après Hans Holbein.
(3) - Coffret de plaques d'émail (Collection Nieuwerkerke)
(4) - Horloge style renaissance (collection Barbédienne)
(5) - Charles I roi d'Angleterre d'après Van Dyck.
(6) - Souvenir de Cernay, eau-forte par Jean Achard.
(7) - l'Aurore, eau-forte par Charles Daubigny
(8) - l'Entrée du Village, d'après Corot.
(9) - La Maréchalerie, eau-forte par Charles Jacque.
(10) - Coffret style Louis XVI. (collection Barbédienne)
(11) - Un Vanneur, par J.-F. Millet
(12) - Un bouleau des gorges d'Apremont, par Th. Rousseau
(13) - Le Parc, d'après Lajoue et Watteau.
(14) - Pilate se lavant les mains, d'après Holbein.
(15) - Chevaux de Cosaques par un temps de neige d'après Schreyer.
(16.) - La Mare, eau-forte par Jules Michelin.
(17) - Louis XI visitant le Cardinal de Balue, d'après Gérome.
(18) - la Ronda, d'après Jules Worms.
(19) - la Vigilance, eau-forte par Jacquemart.
(20) - Francesca di Rimini d'après Ingres.

Musée (le) Universel. — **Planches**.

2ᵉ Série. — manquent :

(1) — L'Homme au Chaperon Noir, d'après A. del Sarto.

(2) — Au roi, d'après F. Willems.

(3) — de Combat de Coqs d'après Ferdinand Roybet.

(4) — la fille de Charles 1ᵉʳ. d'après Van Dyck.

(5) — le Banquet de la garde civique d'après Van der Helst.

(6) — la Table, eau-forte de Bracquemond d'après Henri Leys.

(7) — le Bon Pasteur d'après E. Zamacoïs.

(8) — l'Geolier, d'après Th. Couture.

(9) — le Cheval qui boit, d'après Meissonnier.

(10) — El Hiasseub, conteur arabe, d'après G. Boulanger.

(11) — Un vieux manoir anglais; eau-forte de Georg Howard.

(12) — le Philosophe en méditation, gravure de Greux.

(13) — Halte de bohémiens, d'après Wouwermans.

(14) — Jeanne d'Aragon, d'après Raphaël

(15) — Une Vanneuse; eau-forte de Feyen-Perrin.

(16) — Inondation; eau-forte de Jules Michelin.

(17) — Un tribunal à Damas; d'après Henriette Browne.

(18) — le Bosphore, d'après Pasini.

(19) — les Joueurs; d'après un Dessin de Téniers.

(20) — l'Étang de Ville d'Avray; d'après Corot.

(21) — la Fenaison, eau-forte de Neyrassat.

(22) — A la fontaine, d'après Bonnat.

(23) — Une ruelle au XVIᵉ siècle d'après Charles Sauvageot.

(24) — Arnautes jouant aux échecs, d'après Gérôme.

LE MUSÉE

UNIVERSEL

Il a été tiré sur papier de Hollande soixante exemplaires numérotés

PRIX : **50** FRANCS

PARIS. — J. CLAYE, IMPRIMEUR, RUE SAINT-BENOIT, 7.

OEUVRES D'ART

ANCIENNES ET MODERNE

TABLEAUX, DESSINS, SCULPTURES, GRAVURES, CURIOSITÉS, ETC.

LE MUSÉE

UNIVERSEL

PAR

ÉDOUARD LIÈVRE

AVEC LE CONCOURS

DES ARTISTES ET DES ÉCRIVAINS LES PLUS DISTINGUÉS

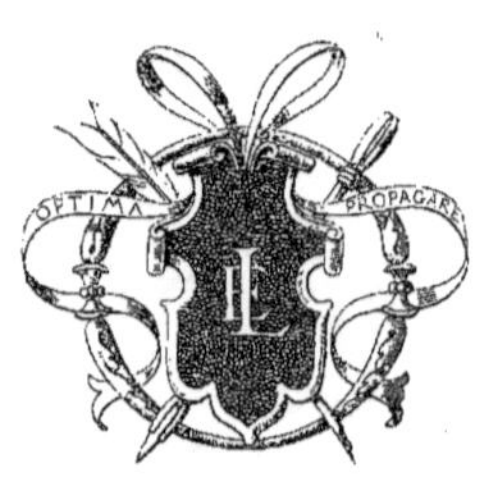

GOUPIL & Cⁱᵉ

19 BOULEVARD MONTMARTRE, ET RUE CHAPTAL 9

A PARIS

M DCCC LXVIII

1870

PRÉFACE

u moment où les créations de l'art sont étudiées & comprises par un nombre chaque jour plus considérable d'amateurs & d'hommes de goût, nous entreprenons une publication nouvelle qui donnera satisfaction à ce besoin d'apprendre & d'admirer, qui se manifeste de toutes parts.

Le Musée universel reproduira les plus belles œuvres des écoles anciennes & des artistes de notre temps. Bien qu'elles diffèrent autant par le caractère que par la date de leur origine, les productions du talent, les créations du génie, ne se ressemblent-elles pas, en ce sens que l'expression d'une idée plastique ou pittoresque, par une forme supérieure, a toujours été le but que les maîtres ont cherché & cherchent encore? Ce que nos pères ont rêvé, c'est ce que nous rêvons nous-mêmes. Aussi avons-nous pensé que du rapprochement des œuvres modernes & des œuvres anciennes il ne pouvait naître que des comparaisons fécondes & d'utiles enseignements.

Aux amateurs dont le goût est déjà formé, le Musée universel donnera la reproduction des ouvrages dus aux maîtres célèbres de toutes les écoles & de tous les temps. A ceux qui, plus nouveaux dans la vie & dans l'étude, ne sont pas encore complétement initiés aux questions d'art, *il apportera des modèles de nature à leur inspirer le sentiment du beau. Enfin, à ceux qui voient dans les manifestations du génie humain un langage qui va changeant sans cesse avec les nationalités & les époques, notre recueil permettra de suivre les modifications que le temps a fait subir au style de chaque école, & il joindra ainsi, à l'attrait d'un spectacle, l'utilité d'une information historique.*

Un texte sommaire accompagnera chacune de nos planches & résumera tout ce qu'il importe de savoir sur le sujet, sur l'auteur & sur la date des œuvres dont nous aurons donné la gravure.

Conçu & dirigé en dehors de tout parti pris d'école & de système, le MUSÉE UNIVERSEL sera digne de son titre par le choix & par la diversité des ouvrages d'art qu'il reproduira. La beauté exquise ou dramatique, la grâce & la force, la fantaisie ingénieuse ou puissante, toutes les nuances si variées, si délicates, qui se résument dans un mot unique, le beau, seront tour à tour représentées. Les créations des maîtres dont le temps a consacré la renommée y figureront avec les productions connues ou inédites des écoles nouvelles. Le Louvre, si riche aujourd'hui, & dont les portes ont été si largement ouvertes à tous par M. le comte de Nieuwerkerke, les musées de l'Europe, les collections des amateurs de Paris, de la province & de l'étranger, les palais, les châteaux, les églises sont des sources intarissables de raretés & de trésors : nous y puiserons largement. Mais nous saurons choisir, & la variété sera notre règle. Dans notre recueil, l'œuvre de style suivra l'œuvre du caprice, la sévérité alternera avec la grâce, le sentiment avec l'esprit, & nous réunirons volontiers Michel-Ange & Bernard Palissy, Raphaël & Watteau, Rembrandt & Benvenuto, Poussin & Ostade, Ruysdaël & Eugène Delacroix. Fait pour instruire & pour charmer, destiné aux études du travailleur comme aux délassements de la famille, le MUSÉE UNIVERSEL essayera de plaire à ceux qui savent, aussi bien qu'à ceux qui voudraient savoir.

ÉDOUARD LIÈVRE.

PORTRAIT D'ANDREA SALAÏ

D'APRÈS

LÉONARD DE VINCI

(MUSÉE DU LOUVRE)

L est plus que probable que ce profil, dessiné par Léonard de Vinci, représente son élève favori & intime, Andrea Salaï (ou Salaïno), dont Vasari a tracé le portrait en ces termes : « Léonard prit à Milan pour son *creato* (serviteur) un jeune Milanais nommé Salaï, qui était charmant de grâce & de beauté, ayant de beaux cheveux abondants & naturellement bouclés, qui plaisaient beaucoup au Vinci. Le maître lui enseigna plusieurs choses de son art, & il eut la complaisance de retoucher certains ouvrages qui passent à Milan pour être de Salaï. » Ainsi parle Vasari ; mais combien ce portrait écrit est vague & peu caractérisé à côté du dessin de Léonard, qui nous dit si bien la douce beauté de cet adolescent, sa peau délicate & tendue, ses lèvres épanouies & quelque peu féminines, son nez aux tendons amollis, aux formes rondes, sa joue d'enfant, son grand œil clair, & ses cheveux soyeux & frisés, qui tant de fois ont été imités par le grand peintre dans ses figures d'anges ou de vierges (1)! Il est dommage qu'on ne sache rien, ou que l'on sache si peu de chose touchant ce beau jeune homme, dont l'existence s'est complétement fondue dans celle de son maître.

Nous n'avons aucun mot dans notre langue française qui puisse traduire exactement l'expression de *creato*. Ce mot ne signifie pas seulement un domestique, un simple mercenaire, il désigne un ami familier de la maison, un homme de confiance, une *créature*. La première fois qu'il est fait mention de Salaï dans les manuscrits de Léonard, c'est le 4 avril 1497. Il est question à cette date d'un manteau, *una cappa*, que Léonard fit faire sans doute à son jeune serviteur lorsqu'il le prit dans sa maison, &, selon toute apparence, c'est à la même date que se rapporte le profil, ici gravé, de

---

(1) Ce dessin de Léonard a été déjà gravé au siècle dernier par le comte de Caylus, & de nos jours par M. Paul Chenay.

Salaïno. Or, comme ce profil représente un jeune homme de quatorze à quinze ans, s'il a été dessiné en 1497, Salaï devait être né vers 1483, qui est l'année où naquit Raphaël. Depuis cet âge de quatorze ou quinze ans jusqu'à la mort du Vinci, arrivée le 2 mai 1519, il ne paraît pas que Salaï ait jamais quitté son maître. De temps à autre, en effet, on le voit figurer dans les papiers de Léonard, où on lit une seconde note ainsi conçue : *Aujourd'hui 15 octobre 1507, j'avais trente écus : j'en ai prêté treize à Salaï pour parfaire la dot de sa sœur ; il m'en reste dix-sept* (1). On sent bien ce que veut dire ici le mot *prêté*. Léonard n'était pas homme à se faire rendre treize écus par un disciple aussi intime, ni à souffrir que Salaï les lui rendît, bien que la somme fût assez importante pour un artiste qui n'avait dans sa poche que trente écus. Quoi qu'il en soit, il résulte de cette note qu'Andrea Salaï, dit aussi Salaïno, n'est pas la même personne qu'Andrea Solario, avec lequel certains biographes l'ont confondu, puisque Salaïno était auprès de Léonard, à Milan, en 1507, tandis qu'à cette date Andrea Solario était en France, occupé depuis six mois aux peintures du château de Gaillon, comme l'a établi M. Deville dans l'ouvrage intitulé : *Comptes de dépenses du château de Gaillon.*

Deux fois encore le nom de Salaï est écrit par Léonard dans ses notes. En 1511, lorsque le Vinci fut appelé à Florence pour y recueillir l'héritage de son oncle, Salaï était avec lui, & le maître, ayant épuisé ses ressources à attendre la fin du procès auquel donna lieu cet héritage, envoya son serviteur porter à Milan, au maréchal de Chaumont & au président des eaux, deux lettres dans lesquelles il demandait à être mis en possession de douze pouces d'eau que le roi Louis XII lui avait donnés, en 1509, à prendre sur le grand canal. Ce droit à une prise d'eau était, en ce moment, le plus clair de sa fortune. En 1513, lorsque Léonard partit de Milan pour se rendre à Rome par Florence, Salaï était de sa suite avec Beltraffio, Melzi, Lorenzo (on ne sait quel Lorenzo : peut-être Lorenzo Lotto?) & Fanfoïa. Enfin, en 1518, quand le Vinci fut amené en France par [François Ier, Salaïno accompagna son maître, comme le prouve le testament de Léonard, en date du 18 avril 1518, testament par lequel il partage entre Salaï & Battista de Villanis, ses serviteurs, un jardin situé hors des murs de Milan, pour les bons & agréables services que les susdits Salaï & Villanis lui ont rendus jusqu'à ce jour (2).

Ce que nous aurions à dire sur le talent de Salaïno, nous l'avons dit dans notre *Histoire des peintres,* de laquelle nous avons emprunté les documents qui précèdent. Après la mort de Léonard, Salaïno ne laisse plus aucune trace de lui-même. Il semble que les petites étoiles devraient briller surtout quand les grands astres se sont éteints. Le contraire arrive dans l'histoire. C'est la disparition des grandes lumières qui éclipse les moindres.

CHARLES BLANC.

(1) Addi 15 ottobri 1507. Ebbi sc. 30. 13 ne prestai a Salai per compiere la dote alla sorella, e 17 ne resto a me.
(2) Item epso Testatore dona e concede a sempre mai perpetuamente a Battista de Villanis, suo servitore, la metà zoé la medietà de uno jardino che ha fora a le mura de Milano, & l'altra metà de epso jardino al Salay, suo servitore..... (Testament de Léonard, cité dans les *Memorie storiche* de Carlo Amoretti.)

PORTRAIT D'ANDREA SALAÏ

D'APRÈS

LÉONARD DE VINCI

(MUSÉE DU LOUVRE)

 L est plus que probable que ce profil, dessiné par Léonard de Vinci, représente son élève favori & intime, Andrea Salaï (ou Salaïno), dont Vasari a tracé le portrait en ces termes : « Léonard prit à Milan pour son *creato* (serviteur) un jeune Milanais nommé Salaï, qui était charmant de grâce & de beauté, ayant de beaux cheveux abondants & naturellement bouclés, qui plaisaient beaucoup au Vinci. Le maître lui enseigna plusieurs choses de son art, & il eut la complaisance de retoucher certains ouvrages qui passent à Milan pour être de Salaï. » Ainsi parle Vasari; mais combien ce portrait écrit est vague & peu caractérisé à côté du dessin de Léonard, qui nous dit si bien la douce beauté de cet adolescent, sa peau délicate & tendue, ses lèvres épanouies & quelque peu féminines, son nez aux tendons amollis, aux formes rondes, sa joue d'enfant, son grand œil clair, & ses cheveux soyeux & frisés, qui tant de fois ont été imités par le grand peintre dans ses figures d'anges ou de vierges (1)! Il est dommage qu'on ne sache rien, ou que l'on sache si peu de chose touchant ce beau jeune homme, dont l'existence s'est complétement fondue dans celle de son maître.

Nous n'avons aucun mot dans notre langue française qui puisse traduire exactement l'expression de *creato*. Ce mot ne signifie pas seulement un domestique, un simple mercenaire, il désigne un ami familier de la maison, un homme de confiance, une *créature*. La première fois qu'il est fait mention de Salaï dans les manuscrits de Léonard, c'est le 4 avril 1497. Il est question à cette date d'un manteau, *una cappa*, que Léonard fit faire sans doute à son jeune serviteur lorsqu'il le prit dans sa maison, &, selon toute apparence, c'est à la même date que se rapporte le profil, ici gravé, de

---

(1) Ce dessin de Léonard a été déjà gravé au siècle dernier par le comte de Caylus, & de nos jours par M. Paul Chenay.

Salaïno. Or, comme ce profil représente un jeune homme de quatorze à quinze ans, s'il a été dessiné en 1497, Salaï devait être né vers 1483, qui est l'année où naquit Raphaël. Depuis cet âge de quatorze ou quinze ans jusqu'à la mort du Vinci, arrivée le 2 mai 1519, il ne paraît pas que Salaï ait jamais quitté son maître. De temps à autre, en effet, on le voit figurer dans les papiers de Léonard, où on lit une seconde note ainsi conçue : *Aujourd'hui 15 octobre 1507, j'avais trente écus : j'en ai prêté treize à Salaï pour parfaire la dot de sa sœur; il m'en reste dix-sept* (1). On sent bien ce que veut dire ici le mot *prêté*. Léonard n'était pas homme à se faire rendre treize écus par un disciple aussi intime, ni à souffrir que Salaï les lui rendît, bien que la somme fût assez importante pour un artiste qui n'avait dans sa poche que trente écus. Quoi qu'il en soit, il résulte de cette note qu'Andrea Salaï, dit aussi Salaïno, n'est pas la même personne qu'Andrea Solario, avec lequel certains biographes l'ont confondu, puisque Salaïno était auprès de Léonard, à Milan, en 1507, tandis qu'à cette date Andrea Solario était en France, occupé depuis six mois aux peintures du château de Gaillon, comme l'a établi M. Deville dans l'ouvrage intitulé : *Comptes de dépenses du château de Gaillon.*

Deux fois encore le nom de Salaï est écrit par Léonard dans ses notes. En 1511, lorsque le Vinci fut appelé à Florence pour y recueillir l'héritage de son oncle, Salaï était avec lui, & le maître, ayant épuisé ses ressources à attendre la fin du procès auquel donna lieu cet héritage, envoya son serviteur porter à Milan, au maréchal de Chaumont & au président des eaux, deux lettres dans lesquelles il demandait à être mis en possession de douze pouces d'eau que le roi Louis XII lui avait donnés, en 1509, à prendre sur le grand canal. Ce droit à une prise d'eau était, en ce moment, le plus clair de sa fortune. En 1513, lorsque Léonard partit de Milan pour se rendre à Rome par Florence, Salaï était de sa suite avec Beltraffio, Melzi, Lorenzo (on ne sait quel Lorenzo : peut-être Lorenzo Lotto?) & Fanfoïa. Enfin, en 1518, quand le Vinci fut amené en France par [François Ier, Salaïno accompagna son maître, comme le prouve le testament de Léonard, en date du 18 avril 1518, testament par lequel il partage entre Salaï & Battista de Villanis, ses serviteurs, un jardin situé hors des murs de Milan, pour les bons & agréables services que les susdits Salaï & Villanis lui ont rendus jusqu'à ce jour (2).

Ce que nous aurions à dire sur le talent de Salaïno, nous l'avons dit dans notre *Histoire des peintres,* de laquelle nous avons emprunté les documents qui précèdent. Après la mort de Léonard, Salaïno ne laisse plus aucune trace de lui-même. Il semble que les petites étoiles devraient briller surtout quand les grands astres se sont éteints. Le contraire arrive dans l'histoire. C'est la disparition des grandes lumières qui éclipse les moindres.

CHARLES BLANC.

---

(1) Addi 15 ottobri 1507. Ebbi sc. 30. 13 ne prestai a Salai per compiere la dote alla sorella, e 17 ne resto a me.

(2) Item epso Testatore dona e concede a sempre mai perpetuamente a Battista de Villanis, suo servitore, la metà zoé la medietà de uno jardino che ha fora a le mura de Milano, & l'altra metà de epso jardino al Salay, suo servitore..... (Testament de Léonard, cité dans les *Memorie storiche* de Carlo Amoretti.)

COSTUME DE FEMME

D'APRÈS

HANS HOLBEIN

(MUSÉE DE BALE)

 E grand nom d'Holbein doit se représenter plus d'une fois dans le *Musée universel,* & bien des occasions nous seront offertes d'analyser son génie : nous ne manquerons pas de les saisir au passage. Nous devons nous borner aujourd'hui à résumer en quelques mots la vie du noble maître qui demeure, avec Albert Dürer, l'éternel honneur de l'école allemande.

Hans Holbein le Jeune (on l'appelle ainsi pour le distinguer de son père qui porta le même prénom) est né à Augsbourg, en 1495. Il appartenait à une famille d'artistes, & bientôt il subit l'heureuse contagion des bons exemples. Sans parler du vieil Holbein, qui n'était pas un peintre inhabile & qui donna à son fils d'utiles leçons, Hans pouvait demander des conseils à son oncle Sigismond & à son frère aîné Ambroise. Il grandit vite dans ce vaste atelier, & aux enseignements puisés à la maison paternelle, il ajouta, par le mystérieux privilége des intelligences bien douées, les aspirations nouvelles qui, au début du seizième siècle, passionnaient l'Allemagne & la Flandre : on peut même assurer que, bien des fois, il regarda du côté de l'Italie. Le résultat de cette forte éducation ne se fit pas attendre. A dix-sept ans, Hans Holbein savait son métier; à vingt ans, il était un maître.

Bien que l'histoire de ses voyages ne soit nulle part écrite avec précision, on sait que, vers 1516, Holbein vint se fixer à Bâle où il avait déjà fait un court séjour en 1513. Bâle était la ville des imprimeurs & des libraires. Le jeune peintre d'Augsbourg composa des dessins pour les livres qu'ils publiaient, & il fut bientôt chargé de grands travaux, ne se bornant pas, comme on pourrait le penser, à peindre de modestes portraits, mais couvrant de fresques monumentales des murailles entières & s'exerçant à la fois à parler tous les langages. Reçu membre de la corporation des peintres en 1519, il obtint peu après le droit de cité, & Bâle devint pour lui comme une seconde patrie.

Le nom d'Holbein n'avait pas tardé à faire quelque bruit dans le monde. Son ami
Érasme l'ayant célébré dans ses lettres & ayant envoyé plusieurs de ses portraits en
Angleterre, le chancelier Thomas Morus désira que le jeune peintre vînt s'établir à
Londres. Holbein quitta Bâle à la fin de 1526, s'arrêta un instant en Flandre & alla se
mettre à la disposition de son protecteur. Après avoir travaillé quelque temps pour le
chancelier, Holbein devint le peintre de Henri VIII, qui l'attacha à sa maison & le
traita avec bienveillance. Son séjour en Angleterre ne fut interrompu que par de
rapides voyages qu'il obtint la permission de faire sur le continent. En 1529, en 1533,
en 1538, on le vit reparaître à Bâle où l'appelaient ses intérêts, &, mieux que cela,
ses amis; mais il ne lui était pas possible de s'absenter longtemps. Après une existence
des plus laborieuses, le grand artiste mourut à Londres en 1543.

Pendant les dix années qu'il passa à Bâle, de 1516 à 1526, Holbein se livra aux
travaux les plus variés. En peignant de grandes fresques, en multipliant ses admirables
portraits, en illustrant des livres, il trouva le temps de faire un nombre considérable
de dessins, car il pensait que la nature est pleine de leçons inépuisables, & il avait
sans cesse à la main la plume ou le crayon. Il dessina notamment à l'encre de Chine
une série de costumes, qui sont restés au musée de Bâle. Un de ces dessins accompagne notre texte. On peut admirer dans cette figure de femme la vérité & le charme
de l'attitude, la maîtrise du faire & un sentiment de la coloration qui se traduit par
les noirs profonds du velours opposés aux tons plus clairs des autres étoffes. En fixant
sur le papier l'image de cette bourgeoise de Bâle, un dessinateur ordinaire n'aurait fait
qu'un costume : Holbein a donné à son croquis toute la valeur d'un portrait. Les vrais
maîtres se révèlent même dans les plus humbles choses. Sous le vêtement dont il a
dessiné les plis, Holbein a fait paraître une âme, &, à la simplicité d'une attitude
étudiée sur la nature, il a ajouté la grâce.

PAUL MANTZ.

d'après Bonnington. Bracquemond

Promenade Vénitienne.

Collection de Mme la Baronne N. de Rothschild

Imp. A. Salmon.

PROMENADE VÉNITIENNE

D'APRÈS

BONINGTON

(COLLECTION DE MADAME LA BARONNE N. DE ROTHSCHILD)

ONINGTON est un peintre novateur, & s'il n'est pas, comme Delacroix, un révolutionnaire de génie, il a du moins une partie de son audace & le mot d'ordre de l'art moderne. Aussi, bien qu'il soit mort à 27 ans, laisse-t-il à l'histoire un nom impérissable.

Il arrivait d'Angleterre & il avait 19 ans, lorsqu'il entra dans l'atelier de Gros. Il apportait avec lui un tel amour de la lumière observée au dehors & saisie en plein air, que l'étude patiente du modèle académique lui parut bientôt un joug insupportable. Plus qu'un autre pourtant, Gros pouvait devenir le maître de Bonington, si l'indépendance native du jeune artiste n'eût établi d'avance entre tous deux la désunion & l'antagonisme. Gros avait rompu avec l'exagération classique, mais dans son amour de la liberté, il n'imposait pas moins d'efforts & de recherches que ses devanciers. Comme David avait asservi ses élèves aux rigidités de la ligne, Gros assujettissait les siens aux lois de la couleur.

Cette discipline effraya Bonington, & ses premiers travaux témoignent de ses répugnances pour l'étude du nu. Des contours stricts sans aucun essai de modelé, telles furent ses études d'atelier. Il n'alla jamais au delà. Pour une composition académique dont il avait hâte de sortir, il jetait sur le papier mille croquis légers ou de fines aquarelles. La liberté avait tant de charmes pour lui qu'il fit toutes ses *Vues de Paris* au fond d'une voiture, à l'abri des curiosités indiscrètes & des tumultes de la rue.

Après la nature, la véritable école où Bonington chercha ses modèles fut l'école flamande, & quand il passa du paysage à la peinture de genre, il lui resta fidèle. Parmi les tableaux du Louvre, il y en a deux surtout : le *Tournoi* de Rubens & *l'Intérieur d'atelier* de Graesbecke, qu'il étudia avec une attention particulière. Du dernier même, il a pris le personnage principal pour sa lithographie connue sous le titre des *Plaisirs paternels*.

Après avoir demandé aux côtes de Normandie & de Flandre le sujet d'ouvrages remarquables, Bonington alla étudier en Angleterre, avec Delacroix, les armures de la collection Meyrick. Le travail qu'il esquissait péniblement à l'atelier vis à vis du modèle vivant, lui paraissait doux & facile devant une armure. C'est que là il retrouvait plus saisissable encore ce qui l'avait toujours charmé, les saillies, les bonds & les caprices de la lumière. Un an plus tard, en 1826, il partit pour Venise, sa véritable patrie, d'où il revint avec des chefs-d'œuvre & le cœur gros d'aspirations que la mort l'empêcha de réaliser.

C'est de cette époque que datent, outre les vues du Palais ducal & du Grand canal, le *François I*^{er} *& la reine de Navarre, Henri III & l'ambassadeur d'Espagne*. Ce dernier tableau révèle chez l'artiste une tendance à l'agrandissement de ses compositions.

Malgré son importance, l'œuvre de Bonington est limitée. Aussi les rares tableaux de ce maître, l'égal des plus grands pour la transparence du coloris, l'harmonie des tons & l'entente des effets lumineux, s'élèvent-ils à des prix considérables. En janvier 1860, à la vente de lord Seymour, le *Henri III recevant l'ambassadeur d'Espagne* a atteint le prix de 49000 francs.

Les peintres français regardent Bonington comme l'un des leurs ; d'un autre côté, les Anglais, ses compatriotes, le réclament, tout en lui reprochant de n'être pas assez national. A dire vrai, bien qu'il ait participé au mouvement de notre école romantique, Bonington n'est pas le peintre de tel ou tel pays, il est, à son rang toutefois, le peintre du monde.

L'aquarelle dont le *Musée universel* offre ici la reproduction est un souvenir du séjour de Bonington à Venise, un tableau minuscule où se retrouvent toute la puissance & la chaleur d'un Titien. Il appartient à Mme la baronne Nathaniel de Rothschild, qui, excellant elle-même en ce genre de peinture, apporte, dans le choix des œuvres destinées à sa riche collection, le goût & le discernement d'un artiste.

M. Bracquemond a gravé la *Promenade vénitienne* avec la pointe savante & fine qui le distingue. Dessinateur épris de la lumière, rompu à toutes les difficultés sans en être moins personnel, il a rendu l'aquarelle de Bonington avec une justesse & une franchise qui valent une collaboration.

E. COURBET.

COFFRET

DE PLAQUES D'ÉMAIL MONTÉES EN CUIVRE DORÉ

(COLLECTION DE M. LE COMTE DE NIEUWERKERKE)

N certain nombre de coffrets, tous de même caractère & probablement de la même main, existent dans les collections, sans que l'on sache à qui les attribuer. Un dessin quelque peu archaïque & quelquefois maladroit, un modelé généralement simple exprimé par un émail vitreux, des grisailles très-adoucies dans les demi-teintes, généralement glacées d'émaux colorés translucides sur les costumes, & de bistre roux sur les carnations, sur fond bleu ou rouge, des inscriptions d'un latin barbare ou d'un français à l'orthographe douteuse, signalent les émaux de cette famille.

Comme ils montrent certains points de ressemblance dans la facture avec des émaux d'époque postérieure dont quelques-uns sont signés des lettres C. N. que l'on a reconnues pour être le monogramme de Colin Noylier; de plus, comme il est très-probable qu'il a existé deux émailleurs du même nom, il nous est permis d'attribuer au premier d'entre eux les émaux de la même famille que ceux du coffret de M. le comte de Nieuwerkerke.

Les sujets peints en grisailles colorées sur les douze plaques qui garnissent ce coffret semblent reliés par une pensée commune, dont le fil est parfois assez difficile à saisir, & qui serait l'opposition de deux amours : l'amour divin & l'amour humain.

Les six plaques qui garnissent le couvercle représentent des bustes d'hommes & de femmes dans des « triomphes de feuilles » accompagnés de rinceaux feuillagés symétriques. Sur quatre des plaques il n'existe qu'un seul buste, mais sur chacune de celles de la face l'on a représenté deux bustes affrontés d'homme & de femme.

Les plaques de la boîte représentent les sujets suivants, en allant de gauche à droite.

Face : la Fortune nue, maintenant d'une main une écharpe qu'enfle le vent, & levant de la droite un poignard qu'elle tient par la lame, debout sur un globe ailé qui vogue sur les flots. Le soleil brille à gauche, des nuages s'amoncèlent à droite. Aucune légende n'explique le symbolisme de cette composition. — Le minotaure à corps de bœuf & à buste humain posé sur une éminence en forme de labyrinthe de jardin, qui figure celui de la Crète, ainsi que l'explique cette inscription : LABIRINTE.

Extrémité de droite reproduite par la gravure : un homme debout, incertain entre une femme qui lui offre une fleur & des grandes flammes qui sortent de terre. Une inscription tracée sur une banderole explique le sujet.

PAR CES DEVLX FEVX MON CORPS ENDVRE.
MES L'VNG SEXTAINT ET L'AVLTRE DVRE.

Le feu qui s'éteint est celui de l'amour humain; les flammes qui durent sont celles de l'enfer.

Revers reproduit par la gravure : un arbre qu'enlace un cep de vigne. A côté, un cartel est suspendu portant cette inscription peu explicative, car elle a elle-même besoin d'être expliquée.

A MEN SVVIR BELLE METZ TON EFORT :
CONIVNTE SVIS A LARBRE APRE SA MORT.

Une interversion de quelques lettres dans le premier vers rend inintelligible cette inscription, qui doit être une interpellation de la vigne elle-même : « A me suivre, belle, mets ton effort; imite-moi, & reste unie à celui que tu as aimé, comme je le suis à l'arbre où je me suis attachée, & que peut-être j'ai fait mourir. »

La course d'Atalante & d'Hippomène expliquée par le mot CHENEIDA qui s'applique à la vierge béotienne, fille de Schœnée, qui, comme la mère Ève, perdit tout pour une pomme; il est vrai que celle-ci était d'or.

Plaque de l'extrémité de gauche : un Amour debout, tenant deux flèches dont l'une est rompue par la pointe. Les deux vers suivants expliquent cet emblème :

SVNT HEC DVO TELA DIVERSORV OPERVM;
FACIT HOC, FVGAT ISTVT AMORES.

On peut les traduire ainsi : « Voici deux traits dont les effets sont divers : l'un fait naître l'amour, l'autre le met en fuite. »

La monture de ces émaux est en cuivre fondu & doré. Elle est gravée sur l'un des montants des deux lettres A. R. accolées, &, sur la bande qui sépare les deux plaques du couvercle, du côté de la serrure, de l'inscription : INTEGRITE T'A HONORE. Cela nous avait fait songer au secrétaire d'État Robertet, qui dans ses devises avait quelques prétentions à l'intégrité; mais inutilement, car il avait le prénom de Florimond.

Un buste de femme mobile cache l'entrée de la serrure & est répété par symétrie sur chacune des faces.

Hauteur de l'original, 0^m,12 ; longueur, 0^m,17 ; largeur, 0^m,11.

ALFRED DARCEL.

D'après H. Leys. Bracquemond

La Servante

Imp. A. Salmon, Paris.

LA SERVANTE

D'APRÈS

HENRI LEYS

ES expositions universelles n'ont pas seulement pour résultat de mettre en évidence l'activité intellectuelle ou la supériorité commerciale & industrielle des divers peuples, elles aident à grouper tous les grands talents d'une époque en une sorte de famille distincte, & déterminent l'unité internationale du génie. C'est à Anvers que le 18 février 1815, au moment même où cette ville venait d'échapper à la France pour être donnée au royaume des Pays-Bas, Henri Leys est venu au monde; mais c'est à Paris, pendant l'Exposition de 1855, qu'il naquit à la célébrité, à la véritable vie des artistes. Ce sont ses éclatants succès à l'Exposition de Londres, en 1862, qui lui valurent à son retour dans son pays des ovations fraternelles & le titre de baron. C'est enfin un jury international qui vient, en lui décernant une médaille d'honneur, de constater en quelle estime le public & les artistes de toute l'Europe tiennent sa doctrine & ses œuvres.

Le talent de M. H. Leys n'a jamais cessé de progresser. Avant de produire des œuvres aussi caractéristiques que la *Promenade hors des murs* & les *Trentaines de Bertal de Haze*, qui éveillèrent si vivement, en 1855, l'attention de la critique française, M. Leys avait traversé plus d'une phase d'essais & de tâtonnements. À l'École romantique de 1830, il avait demandé le pittoresque de la mise en scène; à Ostade, l'intimité des pauvres intérieurs; à Rembrandt, les prestiges de la lumière & de l'ombre. Mais ce n'est qu'au jour où, pendant un voyage en Allemagne, il s'éprit de la naïveté savante des maîtres primitifs, qu'il fut pleinement en possession de ses forces. C'est de ce moment que date son œuvre, à la fois archaïque & contemporain, empreint d'un sentiment âpre & touchant de la nature, de la poésie & de l'histoire des Flandres anciennes.

On ne peut, par ses dessins, par ses tableaux, ni par ses eaux-fortes, se former une idée complète de la valeur de ce robuste maître. Il faut, pour le juger dans sa force, avoir vu ses peintures murales à Anvers. Ses toiles de chevalet, si recueilli qu'en soit l'effet, si tendre ou si austère qu'y vibre le sentiment, si originale que s'y montre la reconstitution historique des passions, des lieux, des attitudes, des physionomies, des habillements, ses toiles ne sont encore que des mâles esquisses lorsqu'on les compare aux compositions qu'il a peintes sur les murs de la grande salle de l'hôtel de ville ou de sa propre salle à manger. C'est là que sa couleur prend toute son harmonie, son dessin, toute sa vérité, sa poésie, toute sa personnalité. Là, il est réellement incomparable.

Dans la grande salle de l'hôtel de ville d'Anvers, palais de la commune, siége des députés des habitants, M. Leys a peint six épisodes de l'histoire des institutions civiles flamandes. Après quelques instants que l'on est entré dans la salle, décorée tout entière, murs & plafonds, sur les indications du maître, il semble que l'on assiste réellement à ces scènes historiques, peintes à fresque à peu de hauteur du sol : la *Joyeuse entrée de l'archiduc Charles,* qui prête entre les mains du premier bourgmestre le serment d'observer les lois en vigueur & de respecter les priviléges de ses futurs sujets; puis le droit de bourgeoisie, représenté par l'*Admission à la bourgeoisie d'Anvers de Battista Palavicini de Gênes,* & encore le *Bourgmestre & les échevins convoquant la garde bourgeoise,* &c. L'illusion est poignante. C'est le ciel gris d'Anvers, sa lumière tamisée, son pavé caillouteux, ses maisons revêtues de briques. Ces femmes, graves & douces, vous les avez vues passer tout à l'heure, dans leur jupe rouge & leur mante noire; ces hommes énergiques qui brandissent de lourdes épées ou agitent un étendard jaune, à l'instant roulaient des barriques sur le port, ou s'abordaient, la pipe allumée & le bonnet sur le nez... Jamais ce mélange hardi de réalisme & de passion, d'art & de simplicité ne m'a plus vivement frappé dans aucune œuvre moderne & ne m'a produit une sensation aussi complète de la vie antérieure reconstituée dans ses circonstances exactes.

La fresque qui court autour de la salle à manger de M. H. Leys est charmante. Le maître a pris pour thème une invitation à dîner, dans ces bons temps où l'amitié tenait tant de place dans la vie bourgeoise. Les invités partent de chez eux, domestiques & musique en tête, bras dessus, bras dessous, bien chaussés, bien enveloppés dans de chaudes fourrures, des gants aux mains & des manchettes aux poignets, car c'est l'hiver & la neige a étendu dans les rues un épais tapis blanc. Le populaire regarde passer les couples jeunes ou vieux & les salue ou les daube selon ses sympathies. On frappe. Le maître de la maison, — c'est M. Leys lui-même, — s'avance en tête de sa famille & accueille les bienvenus. Dans un dernier compartiment, la table est dressée & cette fraîche & robuste servante, que Bracquemond a gravée d'une pointe si franche & si colorée, attend que la compagnie entre & fasse fête au festin.

Le soir, dans cette salle à manger, revêtue de boiseries sobres & parfaites, quand la lumière envoie à cette fresque des lueurs vacillantes, tous les invités se détachent de la muraille, marchent, se hâtent, murmurent & quelques-uns jettent sur les assiettes des vivants attablés des regards de mélancolique convoitise...

PH. BURTY.

HORLOGE

STYLE DE LA RENAISSANCE

(COLLECTION F. BARBEDIENNE)

ENDANT que les amateurs achètent, pour former leur collection, les pièces toutes faites que le hasard leur apporte, M. Barbedienne fabrique lui-même celles qu'il possède aujourd'hui & qui orneront les cabinets de l'avenir.

Comment s'est-il placé à la tête de la fabrication du bronze & comment ses ateliers se sont-ils développés au point où nous les voyons parvenus, produisant avec abondance des choses exquises?

L'histoire est bien simple & ne montre qu'une suite d'entraînements naturels chez les gens que poursuit toujours l'amour du mieux.

M. Barbedienne s'associa en 1838 avec Collas, l'inventeur d'un tour à réduire les pièces en ronde bosse. L'on commença d'abord à éditer, d'après les antiques les plus célèbres, des plâtres qui, d'une exactitude bien supérieure aux copies que l'on en connaissait, se placèrent bien vite dans les ateliers des artistes & chez les gens de goût.

Encouragé par le succès, M. Barbedienne, en 1841, coula en bronze ces réductions. La Vénus de Milo, la Diane de Gabies, le Laocoon, les bas-reliefs des Panathénées, puis les Trois Grâces de Germain Pilon apparurent successivement. Mais si l'art pur possède encore des séides qui se résignent à acheter une statue pour elle-même, le nombre de ceux-ci n'est point assez considérable pour former une clientèle importante. Il fallut donc appliquer l'art à l'industrie & motiver cette statuaire plus sévère que tout ce qu'on connaissait jusque-là, en lui donnant pour socle une pendule. Puis l'on fabriqua des candélabres, des flambeaux & des lampes pour accompagner cette pièce principale, & même des feux pour que l'ensemble de la cheminée formât un tout harmonieux. La porte était ouverte au bronze industriel. Aussi, en 1850, M. Barbedienne fabriqua-t-il celui du mobilier de l'Hôtel de Ville de Paris. L'entraînement du complet fit appliquer, en 1851, le bronze à quelques meubles de luxe, & l'Exposition universelle de 1855 montra quelles étaient l'importance & la variété de ce que produisaient les ateliers de

M. Barbedienne, puisqu'on y trouvait depuis une réduction des portes du Baptistère de Florence jusqu'à de simples bougeoirs dont la coupe était inspirée des formes pures de l'art antique.

Arrivé là, M. Barbedienne se mit à la recherche du nouveau & appliqua l'émail incrusté que le moyen âge nous avait légué, qui nous arrivait aussi de la Chine & que d'autres ateliers avaient déjà tenté. Les essais commencés en 1858 ne lui donnèrent de résultats pratiques qu'en 1861, où il envoya à l'Exposition de Londres des pièces remarquables que l'art persan inspirait, bien que la pratique en fût tout occidentale. Depuis, cette branche de la fabrication s'est considérablement développée, au point d'acquérir aujourd'hui une réelle importance.

A cette même époque quelques pièces d'argenterie apparurent, pièces d'argent fondu & ciselé qu'il est possible d'exécuter en bronze, à la condition d'avoir sous la main le personnel d'artistes & d'ouvriers habiles que dirige M. Barbedienne.

Telle est l'horloge que nous publions ici.

M. Constant Sévin, qui l'a composée, s'est inspiré, comme on le voit, du style le plus fleuri de la renaissance française & italienne, puisqu'il a intercalé dans le fronton courbe, emprunté à la lucarne de quelqu'un de nos châteaux du Nord, une réduction du chœur que Luca della Robbia a sculpté pour la tribune de la cathédrale de Florence. Sur les côtés, d'étroits panneaux évidés, que composent deux chimères à queues feuillagées se recourbant en capricieux enroulements, remplissent l'intervalle des colonnes qui supportent le dôme à jour destiné à envelopper le timbre de l'horloge.

Quant à la ciselure de tous les ornements délicats qui font une chose d'art de ce meuble, elle est due à M. Désiré Attarge.

Nous ayant accoutumés à signaler chaque exposition par quelque fabrication nouvelle, M. Barbedienne a fait exécuter pour celle de 1867 des bronzes incrustés dans la masse d'argent & d'or ciselés en relief, qui égalent, s'ils ne le surpassent point, ce que l'antiquité nous a laissé de plus exquis.

ALFRED DARCEL.

CHARLES IER

ROI D'ANGLETERRE

D'APRÈS

ANTOINE VAN DYCK

(MUSÉE DU LOUVRE)

AN DYCK est l'élève le plus illustre & presque un rival de Rubens. Né à Anvers en 1599, il ouvre cet admirable dix-septième siècle qui produisit tant d'œuvres immortelles dans les écoles du Nord. Fils de parents fort riches & artistes l'un & l'autre (1), il traversa l'atelier de Van Baelen pour entrer bientôt dans celui de Rubens. A dix-neuf ans il eut l'honneur, probablement unique à cet âge, d'être reçu franc-maître à l'Académie d'Anvers. A l'exemple de l'illustre chef de l'école, Van Dyck voyagea beaucoup. Dès 1621 il allait à Londres, où il ne fit d'ailleurs à cette époque qu'un séjour de peu de durée, puisque la même année, revenu à Anvers, il partit de nouveau, mais cette fois pour l'Italie, où il demeura cinq ans. De retour dans sa patrie, il n'y trouva point l'accueil dû à son talent. Aussi, après avoir passé cinq autres années dans les Flandres où il multiplia les chefs-d'œuvre, blessé des tracasseries que lui suscitait la jalousie des peintres ses compatriotes, il céda aux sollicitations du comte d'Arundel, premier ministre du roi Charles Ier d'Angleterre, & se rendit à Londres. La distinction, la haute élégance, les mœurs aristocratiques du peintre flamand lui valurent, autant peut-être que son très-grand talent, la faveur

---

(1) Son père, François van Dyck, était peintre sur verre ; & sa mère, Marie Kupers (nous apprend M. Alfred Michiels dans son étude sur *Rubens et l'École d'Anvers*), s'était rendue presque célèbre par ses travaux à l'aiguille. « On admirait beaucoup, dit le sérieux historien, un tour de cheminée où elle avait brodé, avec de la soie multicolore, l'histoire de Susanne : les contours en étaient très-nets & les teintes finement mélangées. Des rameaux entrelacés avec art formaient la bordure. On dit qu'elle y travailla d'une manière assidue pendant sa grossesse. Les nombreuses affaires de François van Dyck l'empêchaient d'instruire lui-même son fils : Marie Kupers se chargea de ce soin & apprit au jeune Antoine les premiers éléments de l'art qui devait le rendre illustre. »

du roi. Passons rapidement sur les aventures galantes dans lesquelles le charmant cavalier se jeta à corps perdu, à travers la vie d'opulence & de plaisirs que lui faisait sa situation exceptionnelle à la cour d'un prince amateur, délicat & généreux avec magnificence. On dit que Van Dyck s'abandonna tellement à ses ardeurs & aux prodigalités de toutes sortes, qu'il épuisa tout à la fois ses forces & sa fortune. Il mourut à Londres en 1641, avant que son génie eût été atteint par l'affaiblissement rapide qui avait envahi son organisation.

Parmi les portraits du roi que laissa Van Dyck, le plus illustre & le plus saisissant est celui qui appartient à la collection du Louvre & que nous reproduisons ici. Mme Campan rapporte dans ses *Mémoires* comment ce tableau précieux est entré en France : « Sous prétexte que le page qui accompagna Charles Ier dans la fuite de ce monarque était un Du Barry ou Barrymore, on fit acheter à Londres à la comtesse Du Barry le beau portrait que nous avons à présent au Muséum. Elle fit placer le tableau dans son salon, & quand elle voyait le roi incertain sur la mesure violente qu'il avait à prendre pour casser son parlement & former celui qu'on appela le parlement Meaupou, elle lui disait de regarder le portrait d'un roi qui avait fléchi devant son parlement. » Il résulte de cette anecdote qu'alors on croyait que le tableau de Van Dyck représentait la fuite du roi. Il n'en est rien cependant ; c'est un portrait composé, il est vrai, & où la connaissance des faits nous pousse à voir aujourd'hui comme une signification prophétique. — Charles Stuart s'est arrêté à la lisière d'une forêt, il a mis pied à terre & laissé son cheval à la garde de deux jeunes pages. Le roi tourne ses regards vers le spectateur, la main gauche est posée sur la hanche, la droite s'appuie sur une grande canne, avec une élégance d'allure vraiment souveraine. Au loin le vent chasse vers la haute mer un navire cinglant à pleines voiles. Sorte d'image symbolique où nous voyons désormais celui qui devait tomber sous la hache de Cromwell retenu sur le rivage, quand au loin disparaît à l'horizon tout espoir de salut.

La supériorité du talent de Van Dyck, c'est la noble aisance avec laquelle ses personnages semblent se mouvoir dans une sphère idéale où l'humanité apparaît radieuse de beauté exquise & de vertu sereine. Par cet idéalisme d'expression, Van Dyck est, comme peintre de portraits, plus grand & assurément plus touchant que le maître admirable à qui il a emprunté une formule merveilleuse pour traduire son étonnante inspiration.

ERNEST CHESNEAU.

SOUVENIR DE CERNAY

EAU-FORTE

PAR

JEAN ACHARD

N bout de ruisseau dans une clairière, & sur ses bords une touffe d'arbustes que dominent deux ormes sveltes. Nulle part de traces d'hommes ou d'animaux, mais non plus, rien de mystérieux ni d'étrange. Un joli coin de bois,

Où le grillon courtise la cigale.

Au loin, derrière l'horizon, le mouvement & la vie.

Tel est le sujet de l'eau-forte de M. Achard, & dans le graveur on retrouve le peintre.

Correct & scrupuleux, toujours égal à lui-même, M. Achard ne demande rien à la violence, aux contrastes. L'imprévu n'existe pas pour lui, son siége est fait & la place qu'il a choisie ne lui peut échapper, car les inhabiles ne l'enlèveront pas & les audacieux cherchent ailleurs.

Il a le secret d'une certaine finesse, d'une élégance tempérée. Ce qui est excès, de quelque part qu'il vienne, lui répugne absolument. D'autres procèdent pàr surprises, par bonds, lui reste simple & calme. Jamais il n'est allé au-devant de ces malentendus qui font, dans l'art comme ailleurs, la fortune des ambitieux. — Tel affecte de le dédaigner qui trouverait profit à l'étudier de près, & comme il n'y a ni caprice, ni magie dans son talent, il peut communiquer son savoir, & c'est par là qu'il est véritablement un maître.

Il n'a jamais péché, voilà son crime. Sa modération est sa seule faiblesse. Il n'a pas l'esprit du mal qui apprend à rallier les curiosités difficiles & les admirations rétives, cet esprit du mal qui est le complément de l'artiste. Trop prudent, trop sage, il ne montre même pas cette âpre austérité sous laquelle apparaissent les justes qui veulent l'exil ou la faveur.

Comme About l'a dit spirituellement, Achard est un vétéran que l'avancement a oublié. Tandis que ses compagnons d'armes bataillaient en plein soleil, escaladaient les escarpements & plantaient leur parasol sur des éminences emportées d'assaut, il luttait à son rang. Il n'a pas reculé, mais, par suite du déplacement de la mêlée, il est resté en arrière. Son nom, qui ne figure pas au bulletin des victoires éclatantes, qu'on ne lit pas sur les arcs de triomphe, ne se rattache du moins au souvenir d'aucune défaite.

E. COURBET.

d'après Ch. Marchal Rajou.

Le Printemps.

Collection de S. A. I. Mme la Princesse Mathilde.

Imp. A. Salmon, Paris.

LE PRINTEMPS

D'APRÈS

CHARLES MARCHAL

(COLLECTION DE S. A. I. MADAME LA PRINCESSE MATHILDE)

 HARLES MARCHAL est un des jeunes peintres de l'école moderne que le public des amateurs & le grand public ont accueillis en ces dernières années avec le plus de faveur. Il nous a révélé les mœurs de l'Alsace & il l'a fait non-seulement avec une habileté d'exécution réelle, mais encore avec un sentiment très-fin, très-délicat des grâces naïves particulières aux jeunes femmes, aux jeunes filles de notre frontière du Rhin.

Tout le monde se souvient de ces charmants tableaux, la *Foire aux servantes,* le *Choral de Luther.* Le motif de ces œuvres aimables a ravi chacun; & pourtant, bien que la composition que nous reproduisons ici soit beaucoup plus simple, bien qu'elle se réduise à une figure unique, nous avons là, ce nous semble, le chef-d'œuvre du jeune artiste. Il l'appelle *Le Printemps.*

L'humble & doux intérieur, tenu avec une propreté méticuleuse, est envahi par la claire lumière du mois de mai, par les premiers parfums du renouveau, par l'odeur des lilas embaumés. Une jeune fille surprise par ces rayons joyeux, par ces brises suaves, chargées de parfums pénétrants, s'est arrêtée dans son activité de ménagère. Elle tourne la tête vers la fenêtre entr'ouverte; ses regards se portent vaguement sur le jardin, sur les haies verdoyantes piquées de fleurs d'or. Immobile, songeuse, son cœur est agité par un trouble inconnu, par une émotion confuse qu'elle avait toujours ignorée : elle ressent le premier éveil & la première mélancolie des pensées d'amour.

M. Charles Marchal a rendu ce délicieux motif avec une extrême délicatesse & un rare bonheur d'expression, qui ajoutent encore au charme de cette conception ravissante.

ERNEST CHESNEAU.

L'AURORE

EAU-FORTE

PAR

CHARLES DAUBIGNY

HARLES DAUBIGNY n'a pas toujours été ce maître aimé du public, soutenu par la critique, encouragé par les commandes, que nous connaissons aujourd'hui. Il a eu, comme tous les artistes de sa génération, à subir des années d'obscurité & de lutte inconnues de ces jeunes artistes à qui, de nos jours, un premier succès donne la notoriété & parfois la fortune.

La vogue de la palette libre & ingénue de Daubigny ne date guère que des Salons qui suivirent celui de 1848. Jusque-là Daubigny ne s'était point révélé à lui-même. Élève de l'atelier de Paul Delaroche, & de son père, peintre de miniature, il avait subi une forte teinture de classique. Il faillit même entrer en loge pour le prix de Rome. Ses premières compositions se ressentent de ces influences & manquent de naïveté.

Mais quand il se sentit touché par la simple nature, quand il osa envoyer aux Salons ce qu'il excellait à rendre, je veux dire de fraîches études d'entrées de village, des bocages printaniers, des vallées vertes & tranquilles, il eut peu à peu pour lui tout le public qui passait indifférent devant les derniers paysagistes classiques & les romantiques exagérés.

Le *Musée universel* nous offrira d'autres occasions de revenir sur les premières années & sur les premières peintures de Daubigny. Aujourd'hui c'est l'aqua-fortiste qui doit nous occuper. Il était juste qu'il ouvrît cette publication, car Daubigny est un des graveurs à l'eau-forte contemporains les plus habiles & les suites de paysages qu'il a publiées ont popularisé en France un procédé que la lithographie avait fait trop longtemps oublier. Rien cependant n'est plus fait pour tenter un peintre : on trace, à l'aide d'une pointe aiguë, un dessin sur une planche de cuivre enduite de vernis & l'on verse un acide qui attaque & creuse les parties du métal mises à nu; ces sillons, emplis d'encre d'imprimerie, se vident, en passant sous la presse, sur la feuille de papier & répètent ainsi toute l'énergie ou toute la délicatesse du dessin primitif. Une belle épreuve d'eau-forte a plus de mordant qu'un dessin à la plume, plus de variété & de mystère qu'un lavis.

Les sujets préférés par Daubigny sont toujours souriants & naturels : une allée où des volées de passereaux célèbrent sur les brindilles verdoyantes la tiédeur du printemps ; un étang où des cigognes pêchent des grenouilles à l'ombre des ormes centenaires ; des cerfs poursuivant des biches sous la futaie dépouillée par l'automne ; un troupeau qui regagne son parc au milieu de la terre fraîchement labourée ; une vallée, une rivière qui s'endort sous les saules, un sentier où jouent les lapins de garenne..., que sais-je encore ? des vaches qui vont boire, un orage qui courbe les peupliers & bouleverse les chênes, des blés qui tombent sous la faucille ou des vendanges qui emplissent les cuves.

L'*Aurore*, publiée aujourd'hui par le *Musée universel*, est une des scènes de cette merveilleuse féerie qui se donne chaque matin. Ce n'est plus l'aube & ses harmonies confuses :

« La Nature, superbe & tranquille, renaît. »

La lumière victorieuse émerge à l'horizon & noie, dans sa splendeur, la plaine étincelante de rosée. Mille vapeurs, changeantes comme les lueurs d'une opale, flottent, roulent & s'élèvent dans le ciel. Sur la terre, l'herbe & la fleur, l'insecte & l'oiseau, tout s'éveille & salue le retour de la lumière & de la vie. Dans la cour de la ferme, une note éclate & résonne comme un cuivre dans une symphonie... *Cori-coco !!!...* C'est le coq gaulois qui, les pattes tendues, la poitrine en avant, la gorge gonflée, la crête haute, l'œil hardi, debout sur le fumier où picorent ses poules, a jeté à plein bec son chant rauque & sonore.

Toutes les eaux-fortes de Daubigny expriment avec la même franchise que celle-ci les aspects poétiques de la nature & rendent avec une justesse frappante la physionomie particulière des bois, des prairies & des plaines cultivées dans les provinces du cœur de la France.

PH. BURTY.

JEUNE BERGER

Collection de Mr E. Galichon.

Imp. A. Salmon Paris.

JEUNE BERGER

PAR

GIULIO CAMPAGNOLA

(COLLECTION DE M. ÉMILE GALICHON)

IULIO CAMPAGNOLA était tout à la fois un lettré & un artiste. Dès l'âge le plus tendre, en 1497, il commençait le grec, & ses progrès en cette science comme en d'autres furent si rapides, qu'à l'âge de treize ans, il s'exprimait en cette langue, en latin & en hébreu. Son père, homme considérable par son savoir, revêtu de charges importantes par la république de Venise, alors maîtresse de Padoue sa ville natale, ne le destinait pas aux arts. Ce fut tout seul, en prenant pour guide la nature plutôt que l'art, nous dit Matteo Bosso, que Giulio apprit à jouer du luth & à s'accompagner en chantant, à composer des vers & à les écrire, à peindre & à sculpter des statues & des bas-reliefs. Ses progrès en peinture furent tels, que Matteo Bosso, dans une lettre à Hector Théophanes, nous apprend que, jeune encore, Giulio pouvait rivaliser avec les plus grands maîtres, & qu'il n'y avait point de tableau si parfait de Mantegna ou de Bellini qu'il ne pût reproduire fidèlement, & égaler même s'il voulait en prendre la peine. Aussi la célébrité s'attacha-t-elle à son nom. Panfilo Sasso, Pomponio Gaurico ont célébré dans leurs vers ses mérites, & Hercule Ier, désireux de réunir à Ferrare les hommes les plus distingués de l'Italie, l'appela en 1498 à sa cour. Malheureusement, il est bien difficile de nos jours de pouvoir juger quelle fut sa valeur véritable comme artiste. Le temps n'a respecté aucune de ses œuvres peintes ou sculptées, & on ne connaît guère de lui qu'un dessin vraiment authentique, qui fait partie de notre collection : le *paysage* du saint Jean-Baptiste qu'il a gravé au pointillé. Si Giulio n'avait pas pris le soin de signer quelques estampes exquises, il serait aujourd'hui entièrement ignoré. Son œuvre gravé, décrit par Bartsch, par Passavant & par nous dans la *Gazette des Beaux-Arts,* tome XIII, comprend quatorze pièces authentiques signées ou non signées. De toutes ces gravures rarissimes, & qui atteignent dans les ventes des prix considérables, la plus belle est incontestablement celle dont une reproduction fidèle accompagne ces lignes. Mieux que toute autre, elle montre le talent extrême avec lequel Giulio a su interpréter le style de Giorgione, d'après qui il a dû certainement dessiner ce jeune berger, digne de porter la flûte de Tityre. Faites par un procédé particulier, ses gravures au pointillé plaisent par la perfection du travail, par l'éclat de la lumière & par une harmonie poussée extrêmement loin. Aussi les gravures de Giulio tiennent-elles, dans les cartons des amateurs délicats, la place qu'occupent dans l'histoire de l'art les peintures de Giorgione, si difficiles à rencontrer même dans les galeries nationales.

ÉMILE GALICHON.

LA RONDE

Imp. A. Salmon à Paris

RONDE

PAR

DOMENICO CAMPAGNOLA

(COLLECTION DE M. ÉMILE GALICHON)

OMENICO CAMPAGNOLA était de la famille de Giulio Campagnola, qui compta plusieurs artistes renommés. Illustre de son vivant, il passe pour avoir éveillé la jalousie du Titien, avec qui il travailla en 1511, dans la Scola del Santo de Padoue. Venise possède de Domenico des prophètes & des évangélistes d'une tournure si grande & d'une couleur si puissante, que quatre de ses œuvres furent jugées dignes, lors de la suppression de la Scola Santa Maria del Parto, d'être transportées à l'Académie. A Padoue, on voit aussi plusieurs fresques & plusieurs toiles dues à sa main, mais pour la plupart elles ont eu beaucoup à souffrir des injures du temps & plus encore des restaurations maladroites. On possède de cet artiste plusieurs gravures exécutées avec une liberté que les aqua-fortistes du siècle suivant ont seuls connue, ainsi qu'on peut s'en assurer en jetant les yeux sur la copie de la *Ronde d'enfants*, datée de 1517. Quel mouvement, quelle grâce dans cette farandole joyeuse! Si dans la *Ronde d'amours*, gravée par Marc Antoine d'après Raphaël, on admire des formes plus châtiées, un balancement de lignes plus agréable, on trouve dans celle de Campagnola plus d'entrain, plus de vie. Jamais Domenico n'a été si bien inspiré, jamais il n'a dessiné avec une telle justesse, modelé avec autant de soin, jamais il n'a gravé d'une pointe aussi souple & aussi aisée. En regardant cette gracieuse ronde, on se prend involontairement à balbutier le nom du Titien, on se rappelle l'*Offrande à la fécondité,* & on ne s'étonnerait pas de rencontrer ces enfants mutins parmi les groupes qui s'ébattent & folâtrent avec tant d'innocence & de vivacité dans le tableau du musée de Madrid. Cette pièce, aussi rare que charmante, appartient à un œuvre qui compte quinze pièces gravées au burin par Domenico lui-même, & quatorze pièces entaillées dans le bois par divers graveurs, sur ses dessins. Le catalogue de ces estampes a été dressé par Bartsch, Passavant & plus récemment par nous-même dans le tome XIII de la *Gazette des Beaux-Arts.*

ÉMILE·GALICHON.

L'ENTRÉE DU VILLAGE

D'APRÈS

COROT

L y a des peintres qui sont nés satellites, l'isolement leur fait peur, il leur faut des maîtres. Tel n'est point Corot. Fortement trempé malgré sa bonhomie, il a quitté l'atelier de Bertin sans y rien laisser de lui-même. Il a vu de près les miniaturistes des forêts, & il a échappé à la contagion du fini. Les sites à grand effet lui répugnent autant que les vues officielles, & il ne s'arrête pas plus devant un éboulement de rocs qu'au milieu d'une avenue historique. Il n'est ni sauvage ni courtisan, il est libre & il pense que la nature se montre aux bois de Ville-d'Avray tout aussi belle qu'aux plus agrestes solitudes. Ce qui flatte les chefs d'école, faire souche, laisser derrière soi de pâles descendants, lui semble une monstruosité, le rôle d'un peintre étant, à son avis, de développer des individualités & non de propager des réductions de son talent.

Avec de tels principes, Corot devait visiter l'Italie à ses frais. Dans ce pays, il étudia, si l'on peut ainsi dire, le paysage sur le nu. Une attentive contemplation des grands aspects de la campagne romaine l'initia aux secrètes évolutions de la forme dans une atmosphère moins contrastée, moins éclatante. Comme l'a fort justement remarqué Théophile Sylvestre, dont je vais emprunter les termes, « l'observation de ce pays si franchement éclairé lui devait rendre pour l'avenir le travail facile, même dans les contrées d'un aspect indécis. Si peu accentuée que paraisse la nature en quelques lieux, l'harmonie des formes & des couleurs reste néanmoins déterminée, & il est d'autant plus facile de la saisir qu'on a d'abord mieux connu tous les accords de tons dans un pays éclatant. »

Sous le ciel chaudement coloré de l'Italie, Corot paraît donc s'être appris à rendre la lumière tempérée, les ombres fugitives du climat natal. Cet enseignement, du

12

reste, a laissé des traces dans ses paysages, où de fervents admirateurs veulent trouver des idylles de Théocrite, alors qu'il serait plus juste d'y chercher le souffle du Corrège.

Mais pour un enthousiaste, Corot a longtemps compté beaucoup de détracteurs. Ceux-là, mêmes qui se prenaient aux coups de main des peintres du plein midi lui contestaient ses crépuscules, où s'allient si parfaitement l'art & la réalité, non pas celle de toute heure & de tout venant, mais celle des poëtes, celle du matin, quand l'aurore dissipe en fumée lumineuse les perles de la rosée.

L'œuvre de Corot se divise en deux groupes bien distincts. Le premier se compose de grands tableaux exécutés avec une savante recherche de l'harmonie. Dans ces pages, le coloris habituellement clair du maître devient sombre & profond sans cesser d'être limpide. La scène se passe loin de toute habitation, dans des lieux où l'esprit de la nature est plus saisissable qu'ailleurs, où le recueillement & l'émotion s'emparent de l'âme. Qui, par exemple, ne se rappelle le *Soir* & la *Solitude* exposés au Salon de 1866? C'est là qu'il faut chercher Corot, c'est là qu'il est tout entier.

Au-dessous de ces œuvres capitales se placent des motifs simples, charmants, que l'auteur traite avec finesse & légèreté. C'est tantôt une allée de peupliers aboutissant à une église de campagne, un petit ruisseau, libre penseur, côtoie un moment l'allée & va se perdre sous une touffe d'arbres; tantôt une île de la Seine émergeant du fleuve, pareille à une oasis flottante.

C'est encore à cet ordre d'inspiration qu'appartient le tableau dont le Musée universel offre ici la lithographie. Il représente l'entrée d'un hameau sur le chemin duquel deux femmes échangent quelques mots. A droite, un paysan se courbe sur la charrue que tirent deux chevaux. Dans le fond, des maisons accroupies sur le sol; au dernier plan, un rideau de feuillage à travers lequel une lumière voilée se répand sur toute la campagne, s'éraillant aux saillies des toits, aux pierres du chemin & sur la croupe des chevaux.

Ce paysage n'a rien perdu de sa saveur en passant par le crayon. Il ne faut pas oublier d'ailleurs que M. E. Vernier est peintre lui-même, & qu'il apporte sur la pierre les hardiesses de la palette. Ses lithographies, d'après de Balleroy, Chaplin & Courbet, sont même à côté de leurs modèles de véritables tableaux.

E. COURBET.

LA MARÉCHALERIE

EAU-FORTE

PAR

CHARLES JACQUE

IEN n'est moins exact que de comparer, comme on l'a fait souvent, les eaux-fortes de Charles Jacque à celles d'Ostade, de Béga ou de Karel Dujardin. Les sujets préférés sont à peu près les mêmes, des intérieurs rustiques, des épisodes champêtres, des vaches, des cabanes à lapins & des cochons; mais l'impression est bien différente &, chez M. Charles Jacque, expressément française. J'ajouterais même que dans la première moitié de l'œuvre de notre maître, avant que pour s'unir plus étroitement à la nature il se fût établi pour quelque temps paysan, on sent que c'était un Parisien qui tenait le pinceau, le crayon ou la pointe. Il avait tous les enthousiasmes & les ébahissements amusants de l'habitant des villes à sa première entrée dans une cour de ferme ou dans un fournil. Les Flamands au contraire semblent toujours vivre dans la chaumière où ils sont nés.

M. Charles-Émile Jacque, de vieille souche bourguignonne, est né à Paris, le 23 mai 1813. Il entra fort jeune chez un graveur de cartes de géographie. Mais ce métier qui ne laisse rien à la fantaisie le rebuta, & un beau matin, au lieu de venir à l'atelier creuser dans le cuivre la teinte dégradée qui borde les côtes & profile les chaînes de montagnes, il s'engagea dans la ligne. Il assista au siége d'Anvers & obtint même les sardines de caporal. Mais les honneurs ne le grisèrent pas, & après que, pendant un congé sans doute, il eut passé deux ans en Angleterre, il finit son temps & rentra dans la vie artiste. Il reste, comme souvenir de son séjour au régiment, une série de charges fort amusantes intitulées *Militairiana* & une *Histoire de la Ramée, ex-fusilier de l'armée française, depuis son entrée au service & avant, jusqu'à sa mort & après.*

M. Jacque illustra en Angleterre plusieurs livres. L'influence de l'école anglaise se retrouve dans les gracieuses figures de femmes qu'il a semées d'une pointe prodigue dans un *Walter Scott* publié en collaboration avec M. Jeanron. La plus agréable & la moins connue peut-être de ses séries d'illustrations est une suite de très-fines eaux-fortes, intercalées au milieu même du texte d'une nouvelle fantastique écrite par Gavarni & publiée sous le titre de *Madame Acker* dans la *Pléiade*.

Après la révolution de 1848, M. Ch. Jacque, installé en véritable cultivateur dans ce pittoresque village de Barbizon qui est situé sur la lisière de la forêt de Fontaine-bleau, s'y livra avec ardeur à la peinture en même temps qu'à l'élève des variétés les plus rares de poules & de coqs indigènes & exotiques. Il a publié toutes ses observations dans un livre plein d'enseignements pratiques & semé de croquis vivants & précis qui s'appelle le *Poulailler*. Tout y est pris d'après la nature.

Avant de se livrer exclusivement à la peinture, M. Charles Jacque a produit un nombre considérable de bois, de dessins, d'eaux-fortes surtout. Ce sont celles-ci qui ont fait sa popularité. Il est un des artistes qui ont le plus contribué à mettre à la mode en France ce procédé si varié & si expressif. Dans le catalogue qu'on a dressé de son œuvre, on compte quatre cent vingt eaux-fortes, sans y comprendre les « états, » c'est-à-dire les épreuves successives que donne une planche avant que le graveur l'ait amenée à la perfection définitive.

Elles seront un jour, & quelques-unes le sont dès aujourd'hui, aussi justement recherchées par les amateurs que celles de maîtres anciens. *La Bergerie* est par les effets de la lumière, la multiplicité des détails, les dimensions insolites du cuivre, la science des difficultés pratiques & le bonheur de la réussite, un des morceaux les plus importants, dans ce genre, de l'école moderne. *La Maréchalerie*, que nous publions, montre mieux que nous ne saurions l'écrire l'intimité des compositions de M. Charles Jacque & l'habileté consommée avec laquelle il sait attaquer une planche & la faire mordre.

Son œuvre est très-varié. Ici, c'est la Mort qui joue du violon ; là, des buveurs qui chantent à tue-tête ; un cavalier arrêté devant le perron d'une auberge & avalant à la hâte le pot de bière que la fille empressée lui a versé ; un porc que le charcutier flambe, un champ de blé que traverse un sentier, de jeunes paysans qui causent à l'ombre d'une haie en gardant le troupeau. Puis encore des enfants qui se vautrent sur un fumier, des servantes de ferme qui viennent au puits ; des moutons qui se pressent & se heurtent en rentrant à la bergerie, des vaches qui descendent en troupe le versant de la mare, & aussi ces grands aspects mélancoliques que revêtent les prairies, les champs, les chemins déserts, lorsque la nuit approche & que la cime des bois s'enlève en brun sur les lueurs mourantes du couchant.

PH. BURTY.

COFFRET

STYLE DE L'ÉPOQUE DE LOUIS XVI

(COLLECTION F. BARBEDIENNE)

INSI que l'horloge publiée dans une de nos planches précédentes, le coffret en argent que nous reproduisons ici a été composé par M. Constant Sévin, le créateur, depuis une douzaine d'années ; de la plupart des pièces qui sortent des ateliers de M. Barbedienne.

S'assimilant avec une égale facilité les styles les plus divers, ceux de tous les peuples & de tous les pays, M. Constant Sévin ne crée point cependant de pastiches. Ses œuvres conservent un certain cachet individuel, & l'on devine qu'avant de prendre le crayon il se demande comment un Grec ou un Persan, un Italien de la Renaissance ou un Français du XVIII⁰ siècle s'y fût pris pour satisfaire aux nécessités actuelles du luxe & du comfortable, en même temps qu'il aurait usé des moyens d'exécution que possède l'industrie d'aujourd'hui. C'est ainsi qu'il faut comprendre l'archéologie pratique & c'est tout ce que peuvent faire les artistes d'une époque qui ne possède point de style particulier.

Les éléments de décoration du coffret qui nous occupe sont empruntés au dessinateur Salembier, qui exerça une si grande influence sur l'art ornemental de l'époque de Louis XVI. Mais M. Constant Sévin a choisi les formes encore amollies de l'époque de Louis XV pour y faire courir les caprices de son crayon.

D'abord le coffret est ovale ; ses flancs se courbent en talon, comme affaissés sous leur propre poids ; puis un couvercle légèrement bombé le ferme.

Sur chaque face de ce couvercle, deux amours indiscrets, agenouillés sur une tablette & penchés aux oreilles d'un masque de satyre, babillent les secrets contenus dans ce coffret destiné à renfermer ce qu'une femme possède de plus précieux : ses bijoux & ses lettres. Mais ils lui en disent tant & depuis si longtemps, que tout se brouille dans la cervelle du barbon, & qu'en définitive le secret sera bien gardé.

De ce motif central partent de longs rinceaux déliés, feuillagés de la classique

acanthe, qui s'enroulent sur un fond de branches de rosier fleuri. Des trophées
épistolaires, d'amour ou de plaisir, s'y rattachent par des nœuds de rubans. D'un côté,
une lettre sous deux plumes en sautoir, un cadenas & sa clef; de l'autre côté, un
médaillon sous une flèche & une torche croisées, emblèmes des traits & des feux qui
partent des yeux de la personne « pourtraicte, » & des instruments de musique. Puis,
à chaque extrémité, pour relier les dernières volutes, le carquois & l'arc de l'Amour,
une musette & des instruments de musique champêtre.

Enfin, un amour assis sur un lit de roses & de lauriers, & tenant un écusson où
seront tracés le chiffre ou les armes de la dame à qui ce coffret sera donné, domine
le couvercle.

Sur les flancs, deux anses composées de feuilles d'acanthe se terminent en
longues volutes qui se détachent sur un fond de branches de laurier, comme celles du
couvercle sur un semis de branches de rosier : symboles transparents qui nous
montrent que Mars est soumis à Vénus, comme on disait au temps où florissait
l'Olympe amoureux.

Un amour, paresseusement assis sur chacun des épanouissements des anses, tient
soit une flèche, soit un écrin, un masque ou un miroir.

Tel est l'ensemble charmant qui, dessiné par M. Constant Sévin, a été d'abord
repoussé dans l'argent par M. Désiré Attarge, ciseleur d'un grand talent, attaché
depuis quelques années aux ateliers de M. Barbedienne. L'original a été reproduit en
argent & également ciselé par lui.

Son burin précis & souple sait traduire à merveille tous ces légers caprices, qu'ici
il effleure les laissant à peine se dessiner sur le fond, que là il accuse avec plus de
vigueur en accentuant leur relief, modelant le tout sans sécheresse & conservant
à l'ensemble ce flou qu'aurait une œuvre de premier jet.

ALFRED DARCEL.

UN VANNEUR

PAR

J.-F. MILLET

(COLLECTION DE M. HADENGUE)

 IEN n'étonne plus que la première rencontre d'une œuvre de J.-F. Millet, peinture, dessin ou eau-forte. Qu'elle vous apparaisse dans une exposition publique ou dans un salon, à la vitrine d'un marchand ou parmi les estampes d'un collectionneur, vous ne serez pas moins frappé que si, du bord du lac au bois de Boulogne, vous étiez instantanément transporté au cœur de la Brie ou dans un verger de la basse Normandie. Tons des terrains & des verdures, forme des arbres, silhouette des horizons, allure des animaux, costume, attitude & passions des personnages, tout diffère aussi profondément ici que là. Si vous poussez plus avant, tout vous invite à ce recueillement serein, à ce repos d'esprit que ne comportent ni le bruit, ni la recherche maniérée, ni l'animation fiévreuse de la nature aux alentours des villes.

J.-F. Millet continue le rôle de ce rude paysan qui vint, des rives du Danube, plaider sa cause à Rome en plein sénat. Aucun temps n'aime que l'on fasse parler trop haut la réalité. De là le malentendu qui depuis trop d'années sépare le gros du public du maître le plus sincère, le plus recueilli, le plus national parmi les contemporains. Cependant ce pain bis d'une saveur si franche, les artistes étrangers, sans doute moins blasés que nous, l'ont apprécié à l'Exposition universelle : à l'unanimité ils ont décerné une médaille de première classe au peintre de ces paysages agrestes, de ces épisodes de la vie rurale que l'observation attentive des beautés absolues de la nature revêt de tant d'originalité & de tant de grandeur.

Tout est de bonne foi chez Millet & tout s'explique naturellement lorsque l'on sait l'histoire de sa vie & de ses travaux. Il est né en 1815, dans un plantureux village de la Manche, à Gréville, dans une famille de ces cultivateurs qui tiennent au sol depuis des séries de siècles. Son enfance se passa à pratiquer une vie saine & libre : battre les buissons, chasser les crabes sous les rochers à marée basse, — Gréville est sur la crête d'une falaise dont la mer ronge le pied, — garder les troupeaux & mener la charrue. Le beau pâtre & singulier laboureur qu'il devait faire !

Millet vint à Paris en 1837, entra dans l'atelier de Paul Delaroche & subit ensuite toute l'effroyable série des épreuves que doivent traverser les artistes sans fortune. Il peignit des enseignes, une sage-femme cueillant des enfants sous un chou, & des toiles pour des baraques de saltimbanques, un Bugeaud à la bataille d'Isly. Un jour, c'est de lui que je tiens ces détails, il donna pour 75 francs six panneaux composés & peints dans la manière de Diaz; des baigneuses endormies sous bois, des nymphes lutinées par les Amours. Il vit son premier envoi au Salon, une *Tentation de saint Jérôme,* refusé par le jury. Ce même jury, en 1847, accepta enfin un *Œdipe détaché de l'arbre,* peint dans une gamme très-énergique.

Mais son génie devait le pousser aussi loin du classique que de la fantaisie galante. Aux Salons qui suivirent la révolution de Février, 1849 & 1850, une *Paysanne assise,* des *Bateleurs,* le *Semeur* surtout, dont Victor Hugo a si grandement paraphrasé le geste superbe, attirèrent l'attention & conquirent à Millet, en même temps que des détracteurs violents, des admirateurs enthousiastes. Ce n'était pas seulement un artiste au dessin vigoureux, à la palette sobre, à la composition logique & originale qui se révélait, c'était un poëte qui chantait les mâles vertus de la race antique des paysans par des chants pleins d'une austère & sonore harmonie. La *Tondeuse de moutons,* les *Bergers rentrant le troupeau,* les *Glaneuses,* la *Jeune Mère donnant la bouillie à son enfant* & bien d'autres toiles, sans compter ses dessins & ses eaux-fortes, ont montré combien sa doctrine est savante & quelles peintures décoratives il exécuterait si on lui en fournissait l'occasion.

Le paysan du cœur de la France est bien tel que Millet l'a représenté, absorbé dans une courte série d'idées primordiales, déformé par une lutte de tous les instants contre les forces naturelles, tanné par le soleil, mordu par la bise, ne conservant de ce que l'homme des villes appelle la Beauté que certains principes constitutifs, tels que la justesse du mouvement, la simplicité de l'attitude, la saillie externe du squelette. De même ses vieilles femmes, — & l'on vieillit vite au village, — sont courbées en deux, ridées, graves & silencieuses comme les anciens représentaient les Parques. Mais ses jeunes mères qui cousent auprès d'un berceau, ses jeunes filles qui gardent les vaches ou les oies, ont des formes candides & robustes, des visages veloutés comme des fruits sains; pas d'afféterie, pas de langueur.

Millet vit à Barbizon, sur la lisière de Fontainebleau, dans une maison riante & modeste. Le soir, quand il domine de ses larges épaules, de sa tête aux yeux doux & graves, la table autour de laquelle sont rangés ses huit enfants, vous le prendriez pour un patriarche.

PH. BURTY.

UN
BOULEAU DES GORGES D'APREMONT

PAR

THÉODORE ROUSSEAU

(COLLECTION J. MICHELIN)

E succès actuel des œuvres de Théodore Rousseau est un des plus frappants exemples de l'aveuglement des haines d'écoles & des progrès réalisés dans ces dernières années par le jugement du public. Pendant treize ans, de 1835 jusqu'à 1848, les jurys ont pu fermer la porte des expositions publiques à l'un des paysagistes les plus robustes & les plus savants de notre école. Mais dès que la foule a été admise à juger l'œuvre de Théodore Rousseau, elle a su rapidement en trier ce qu'il contenait d'exquis ou d'excessif, de supérieur ou de tendu. Enfin la vente posthume de son atelier, en livrant aux enchères ses cartons remplis de dessins, d'aquarelles, de fusains, de sépias du rendu le plus serré ou de l'effet le mieux accentué, a prouvé que Théodore Rousseau était particulièrement ce que l'on niait qu'il fût, un dessinateur d'une fidélité & d'une abondance incroyables, un combattant armé de toutes pièces.

Rousseau, né en 1812, n'était pas de la première levée d'armes du romantisme. Il vient après Paul Huet, même un peu après Jules Dupré, Flers, Cabat. Pendant les belles années de séve & de virilité de son talent, de 1835 à 1850, il ne fut guère connu que dans un cercle restreint d'artistes & d'amateurs de haut goût. Il était né pour les grands tableaux, l'ostracisme académique le condamna, par le refus d'un de ses premiers chefs-d'œuvre, la *Descente des vaches dans le haut Jura,* au tableau de chevalet. Jamais il n'eut l'occasion de peindre sur des surfaces décoratives ce qu'il comprenait si largement, par exemple, l'*Automne* & l'*Été,* le *Printemps* & l'*Hiver* symbolisés par l'état général de la nature & non par des figures portant des fruits ou des gerbes, des couronnes de fleurs ou des fourrures blanchies par la neige. Il fut sans cesse forcé de résumer ces nobles sujets de peinture dans des cadres relativement étroits.

Il fit ses premières études chez un paysagiste extrêmement classique, Rémond, & les continua chez un peintre d'histoire très-gourmé, Guillon-Lethière. Mais de bonne heure il sut s'enfuir dans les bois de Compiègne, sur les hauteurs de Saint-Cloud, dans les frais pâturages & sur les côtes de la Normandie, dans les âpres solitudes de l'Auvergne; puis dans le Berri, aux horizons cadencés, dans les Landes, aux marais coupés par les bouquets de pins & les chênes verts, dans les Alpes, dont il comprit mieux qu'aucun maître les solennelles perspectives, dans cette forêt de Fontaibleau surtout, qui a gardé intact l'inexprimable mystère de la Gaule druidique.

Dessinateur toujours sûr de son fait, coloriste d'une richesse & d'une force sans égales, Théodore Rousseau a toujours mis une impression générale, une pensée dans ses paysages, qu'il peignît le *Chêne de roche,* ou les approches d'un orage dans la *Plaine de Barbizon,* le soleil ruisselant dans la *Grande allée de l'Isle-Adam,* les bouleaux au printemps ou le gazon que glacent les premiers givres de novembre. Il a peint l'ombre opaque de la forêt & la lumière du plein soleil, la fraîcheur des rives & la poudroyante chaleur des roches de grès. Personne n'a traduit en une poésie aussi pénétrante le coucher du soleil à l'automne :

> L'heure où l'astre géant rougit & disparaît...
> Le grand bois jaunissant dore seul la colline :
> On dirait qu'en ces jours où l'automne décline
> Le soleil & la pluie ont rouillé la forêt.

Fait chevalier de la Légion d'honneur en 1852, Théodore Rousseau fut créé officier, par décret spécial, à la suite du Salon de 1867. A l'Exposition universelle, il avait obtenu une des huit grandes médailles d'honneur. C'était un homme instruit & délicat, amoureux des médailles, des estampes de prix. Personne ne dissertait sur son art avec plus de reflexion & de netteté. Même, dans ces dernières années, le professeur l'avait emporté sur l'artiste, & ses œuvres, lourdes & fatiguées, indiquaient une tension trop permanente de la volonté. Il fut frappé d'une attaque d'apoplexie au mois de juillet 1867, & mourut, dans sa petite maison de Barbizon, le 22 décembre. Il a été enterré, selon son vœu, sous les premiers arbres de la forêt de Fontainebleau.

Le dessin, qui a été si bien gravé dans le sentiment de l'œuvre du maître, par M. E. Chauvel, est une étude d'après un bouleau, remarquable par sa vigueur & sa grâce, que l'on rencontre à l'entrée des gorges d'Apremont, dans la forêt de Fontainebleau. Il figurait à la vente posthume de son atelier & a été acquis par un artiste dont le *Musée universel* publiera aussi une eau-forte, M. Jules Michelin. Depuis quelques années, les tableaux de Théodore Rousseau atteignent des prix très-élevés. A la vente de la collection Khalil-Bey, une de ses premières & de ses plus vigoureuses compositions, l'*Allée des châtaigniers,* s'est vendue 27,000 francs.

PH. BURTY.

LE PARC

D'APRÈS

LAJOUE ET WATTEAU

(COLLECTION DE Mme RIANT)

L y a des hommes qui, dans l'histoire, ont laissé d'eux-mêmes une grande figure; il en est d'autres dont il ne reste qu'une silhouette légère, un simple profil, d'autant plus ferme qu'il est moins contesté. De ce nombre est Jacques Lajoue.

Peintre décorateur avant tout, il méritait le premier rang dans son genre; mais les peintres décorateurs étaient alors Watteau & Boucher, & ils passent avant lui.

Il n'est guère possible de séparer Lajoue de Watteau. A deux ans près, ils sont du même âge. Watteau est né en 1684, Lajoue en 1686, & la Régence les surprend à l'Opéra, où ils participent aux mêmes travaux; l'un est un artiste & l'autre un peintre d'ornements. Watteau deviendra le maître des fêtes galantes & Lajoue le décorateur des grands appartements.

Ce qui caractérise l'œuvre de Lajoue, c'est le lieu commun décoratif. A vrai dire, il s'applique à en corriger l'aridité par des combinaisons savantes, & il y réussit. Aussi ne tente-t-il pas de dissimuler cet effort que les maîtres s'étudient à cacher. Dans toutes ses œuvres, Lajoue donne beaucoup d'importance aux motifs d'ornements que lui fournissent l'architecture & le paysage. Plus visiblement qu'un autre, il montre l'art d'équilibrer une composition, d'en rompre les lignes & d'ordonner des plans.

Le tableau que le *Musée universel* a choisi, pour en offrir la gravure à ses lecteurs, est une des plus saillantes productions de Lajoue. Sur cet escalier de marbre, Watteau a jeté quelques figures, & avec elles la vie dont les statues nonchalamment accoudées aux vases de la rampe n'avaient apporté qu'une image.

C'est à Watteau que Lajoue doit une partie de la vogue qu'il reprend aujourd'hui.

Parce que le maître tout entier nous échappe, nous cherchons à le ressaisir dans celles des compositions de Lajoue qu'il a jugées dignes de servir de cadre à ses personnages.

En 1721, l'année même de la mort de Wàtteau, Lajoue entra à l'Académie royale de peinture. L'illustre compagnie l'admit au nombre de ses membres de la section d'architecture, manifestant par cette distinction même une juste appréciation du nouvel élu.

M. Courtry a gravé le *Parc* avec finesse. Il a montré dans cette eau-forte, comme dans celles qui lui ont valu la médaille au dernier Salon, un grand charme, une facture très-souple. Il ne lui reste plus, si j'ose ainsi dire, qu'à prendre de l'humeur.

E. COURBET.

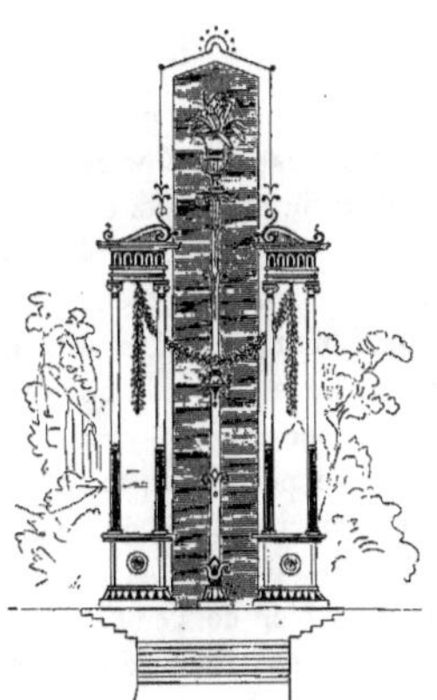

PILATE SE LAVANT LES MAINS

D'APRÈS

HANS HOLBEIN

(MUSÉE DE BALE)

OLBEIN était de ceux qui, croyant à la grande unité de l'art s'expriment sur tous les modes & réussissent dans tous les genres. Bien que le portrait fût son souci ordinaire, il s'est souvent complu à traiter des sujets religieux & il y a fait paraître une simplicité grandiose & farouche, un sentiment tendre & profond. La légende de la Passion du Christ, si chère aux artistes allemands, l'a plusieurs fois inspiré & il l'a toujours racontée avec une poésie douloureuse.

Le sujet que nous reproduisons aujourd'hui — *Pilate se lavant les mains* — est emprunté à une suite de dix dessins que possède le musée de Bâle & qui proviennent de la collection formée au seizième siècle par le jurisconsulte Boniface Amerbach, qu'une étroite amitié unissait à Holbein. Il ne paraît pas que l'artiste, donnant à sa pensée la forme définitive qui lui eût si bien convenu, ait jamais exécuté en peinture cette magnifique série de dessins. On n'en trouve du moins aucune trace dans son œuvre. Il est de tradition à Bâle qu'Holbein avait dessiné ces compositions pour servir de modèles aux peintres sur verre qui exerçaient alors en Suisse & sur les bords du Rhin leur noble industrie. Holbein était si généreusement doué, il avait à un si haut degré la puissance de l'invention & le don du renouvellement, qu'il pouvait, sans crainte de s'appauvrir jamais, fournir des inspirations à tous ses voisins.

L'épisode que l'évangéliste saint Matthieu a raconté est mis en scène par Holbein avec un accent dramatique dont le caractère n'est pas amoindri par une certaine profusion de détails. Si l'on reconnaît dans son œuvre le sentiment du peintre d'histoire, on y retrouve aussi la fantaisie du décorateur épris des formes architecturales & de ses ornements dans le goût antique que l'Italie avait mis à la mode & que le génie allemand traduisait en un style particulier. Entre deux pilastres enrichis de mascarons

& supportant des chapiteaux hardiment sculptés, Pilate est assis sur une haute chaire seigneuriale, sorte de trône que surmonte un dais d'étoffe brodée & fleuronnée. Un jeune homme tient devant lui un bassin dans lequel un autre serviteur verse l'eau d'une aiguière. Celui que l'évangéliste appelle « le gouverneur » se lave les mains & se retourne, plus menaçant qu'attristé, vers le groupe des soldats qui entraînent Jésus, déjà couronné d'épines & désormais désigné pour le supplice. Une banderole déroulée occupe la partie inférieure du dessin. Si, comme il est permis de le croire, un peintre verrier a exécuté ce carton, il y aura sans doute figuré une inscription empruntée au texte de l'Évangile & peut-être aussi le nom du donateur du vitrail.

La composition d'Holbein est empreinte de la plus rare énergie : elle porte même la trace de cette exagération, d'ailleurs légitime, qui est bien souvent le cachet des maîtres. Le Christ est souffreteux & amaigri ; les soldats sont vigoureux comme des athlètes ; Pilate, que l'évangéliste montre sympathique à la victime ou tout au moins sans irritation, prend, dans le dessin d'Holbein, une attitude qui n'est pas exempte de colère. L'artiste, resté tout à fait allemand sous ce rapport, était tourmenté du besoin d'exprimer : appelé à donner le modèle d'un vitrail destiné à la décoration d'une église, il a voulu frapper les imaginations populaires par un spectacle tragique, & il a mis dans son œuvre l'accent convaincu d'un crayon qui n'a pas de réticences & qui dit tout.

PAUL MANTZ.

CHEVAUX DE COSAQUES

PAR UN TEMPS DE NEIGE

D'APRÈS

ADOLPHE SCHREYER

(MUSÉE DU LUXEMBOURG)

OICI une nouvelle réputation bien légitime & rapidement faite. En 1863, M. Schreyer exposait un tableau d'un fort beau caractère, un *Combat de cavalerie*, remarqué de quelques amateurs délicats. En 1864, le jeune artiste prenait place aux premiers rangs dans l'active phalange des peintres étrangers familiers de nos Salons annuels. Il avait envoyé cette année-là deux ouvrages importants : un *Arabe en chasse* traversant un gué, le soir, aux lueurs d'un ciel sombre coupé de sanglantes lumières. L'autre toile, beaucoup plus vaste, était celle que nous reproduisons ici & qui consacra définitivement le nom de M. Schreyer.

Sous un ciel gris de plomb, la neige fouette à travers les clairières de la sombre forêt, elle passe dans l'air par tourbillons & rase le sol qu'elle balaye en rafales impétueuses. Harassés de fatigue, les membres engourdis par le froid, trois cosaques irréguliers se sont arrêtés à la porte de l'*isba* de quelque paysan, sont entrés à l'intérieur, prenant à peine le temps d'attacher leurs montures à la porte. Les trois petits chevaux laissés au dehors se sont serrés, tassés, blottis l'un contre l'autre, tout grelottants. Ils opposent leurs croupes aux volées de neige, baissent leurs naseaux, se roidissent contre le froid, tirent sur leurs longes passées dans les piliers rustiques du misérable hangar secoué par la tourmente.

M. Schreyer connaît parfaitement le cheval ; il entend à merveille l'économie d'un tableau ; il a l'intuition très-vive de l'effet pittoresque, qu'il rend toujours avec une grande sûreté de main & une profonde émotion. A ces titres divers, il nous a paru intéressant d'introduire dans le *Musée universel* l'œuvre remarquable qui a fondé en France la réputation de cet artiste distingué, né à Francfort-sur-le-Mein (Allemagne).

ERNEST CHESNEAU.

LA MARE

EAU-FORTE

PAR M. JULES MICHELIN

 ES environs de Paris sont charmants. Un coin des plus tranquilles, c'est cette verte vallée arrosée, de Brunoy à Montgeron, par la froide petite rivière de l'Hyères. Un paysagiste, M. Jules Michelin, s'en est emparé &, comme auraient dit nos pères, il s'est plu à fixer sur le cuivre les mille aspects de la Nymphe. Si vous feuilletez le « Recueil de seize eaux-fortes » que M. Michelin a fait imprimer il y a quelques années, vous y verrez tout ce qui rend cette vallée si pittoresque : *la Maison des Carriers*, écrasée comme une cabane d'Adrien van Ostade; l'*Ile à la moutarde*, eldorado des pêcheurs à la ligne; la *Cabane du tailleur de pierre*, qu'entoure un plant de choux, & l'*Ile amère* qu'ombragent des saules aux scions argentés. Tous ces motifs vivent de cette réalité fine & discrète, tendre dans la silhouette & douce dans les colorations, qui caractérise la nature du bassin parisien.

M. Jules Michelin est de souche artiste. Il descend de cette famille des Belle, peintres notables dans le xviiie siècle & dont l'un fut directeur des Gobelins. Il appartient à une administration publique, & ce n'est que pendant de courtes heures de liberté qu'il peut courir, le carton sous le bras, les champs, les bois, les vignes, les vallées des environs.

Il a débuté par de jolis croquis à la mine de plomb que Susse ou Giroux louaient aux amateurs. Puis, il publia dans l'*Artiste* des motifs de paysages d'Auvergne, lithographiés avec un effet très-accentué. Enfin, vers 1860, il s'éprit de passion pour l'eau-forte & il est devenu remarquablement maître de ce procédé, qui offre de réelles difficultés d'exécution lorsque l'on sort du croquis rapide.

Une autre passion partage M. Jules Michelin. Il a réuni, guidé par un tact particulier, une série remarquable de porcelaines orientales : l'Inde, la Perse, la Chine, le Japon ornent les vitrines & les angles de son appartement, offrant au regard les formes les plus heureuses, les tons les plus harmonieux, les décors les mieux appropriés. Un amour raisonné & un vif sentiment de la céramique ont seuls présidé à ces choix. Bien avant que l'on eût fixé la provenance de ces porcelaines que le fils de Cosme Ier, François de Médicis, obtint dans son laboratoire princier de Florence, au milieu du XVIe siècle, & dont il laissa perdre le secret, M. Michelin en avait recueilli un des rares échantillons. Il en a généreusement fait don au Musée céramique de la manufacture de Sèvres.

PH. BURTY.

LOUIS XI

VISITANT LE CARDINAL LA BALUE

D'APRÈS

GÉROME

(TABLEAU APPARTENANT A M. AUGUSTE CAIN)

N connaît l'histoire devenue légendaire de Jean La Balue, ce Limousin, fils de tailleur, qui ayant pris les ordres vit sa fortune se faire & s'accroître avec une extraordinaire rapidité. Évêque d'Angers, puis cardinal, ministre d'État enfin, le roi Louis XI — qui n'a point laissé un renom de confiance excessive — se fiait à lui « moult fort, » dit Comines, & « faisoit plus pour lui que pour prince de son sang & lignage. » S'il faut en croire Walter Scott en son *Quentin Durward*, le souvenir des bienfaits du roi ne put résister à une blessure d'amour-propre. Louis XI, qui avait l'esprit caustique & l'humeur railleuse, eut le tort, paraît-il, de mordre en plein dans cette pourpre de sa façon, & de cribler d'épigrammes la vanité de Monseigneur. Le drôle avait l'épiderme sensible & trahit son maître pour le duc de Bourgogne, Charles le Téméraire. Dieu merci, la trahison, le plus abominable des crimes, ne réussit pas toujours, & le roi Louis n'était pas tendre aux coquins de cette sorte. La correspondance de maître Jean La Balue fut saisie, le cardinal arrêté, incarcéré, jugé, condamné & finalement enfermé dans une cage de fer au château de Plessis-lez-Tours. Il y resta onze ans. La tradition rapporte que Louis XI allait parfois visiter La Balue dans sa cage, & se repaître — n'est-ce pas le mot pour ce plaisir de chat-tigre? — se repaître du spectacle de sa vengeance.

C'est le souvenir d'une de ces visites que M. Gérôme a voulu fixer dans le tableau que nous reproduisons ici. Le très-habile artiste a disposé la scène avec cette entente de la composition, avec cette précision archéologique & cette curiosité du détail qui lui ont valu la place exceptionnelle qu'il occupe dans l'École française contemporaine. Qui hésitera à reconnaître à ce bonnet garni de médailles de plomb, à ce profil de fouine, à cette attitude débile & soupçonneuse, le roi Louis le onzième étayant sa faiblesse sur le bras robuste d'Olivier le Daim? Ses chiens favoris, de grands lévriers, allongent leurs têtes de serpent contre cette cage où gît courbé en deux, ankylosé, hurlant de douleur, le pauvre La Balue. Le lieu est sinistre avec ses voûtes suintantes d'humidité, ses ombres glaciales où se découpent de lourdes grilles, des angles de pierre &, sous la courbure d'un escalier, la boîte massive faite de fer & de madriers rapprochés, croisés, boulonnés, laissant à peine filtrer l'air & la pâle lumière de ces ténèbres souterraines.

M. Feyen Perrin, peintre lui-même & des plus distingués, a traduit avec esprit, avec vigueur, avec chaleur, du bout de sa pointe d'aqua-fortiste, l'œuvre de M. Gérôme : cette association de deux forces si différentes donne à notre planche une valeur précieuse.

Nous aurons assurément occasion d'étudier de nouveau le talent de M. Gérôme : avant de donner ici une de ses compositions les plus récentes, il nous a paru curieux de reproduire un tableau d'une époque déjà reculée, & peu connu.

ERNEST CHESNEAU.

LA RONDA

D'APRÈS

JULES WORMS

(TABLEAU APPARTENANT A M. LE COMTE DE PÉRIGNY)

ES diverses branches de l'art ayant toutes leur grandeur, leur caractère propre, il est difficile de passer de l'une à l'autre. Les qualités de la veille peuvent être les défauts du lendemain; l'expérience elle-même devient quelquefois un embarras. Sous ce rapport, les artistes, dont on vante sans cesse l'indépendance, sont de vrais captifs.

M. J. Worms est un dessinateur devenu peintre. Il a fait paraître de nombreux dessins dans les journaux illustrés, & bien que cette partie de son œuvre soit considérable, il ne s'y est point gâté la main. Il peint véritablement. La brosse chez lui n'est point un crayon déguisé. Sa facture est large & souple. Déjà très-avancée, elle semble encore appelée à une plus haute perfection.

Le tableau dont le Musée universel offre la gravure à ses lecteurs a été très-remarqué du public au dernier Salon. Il a du reste partagé ce succès avec un autre tableau du même auteur, la *Romance à la mode*. Ces deux ouvrages offraient le plus saillant contraste : d'un côté, la chanson populaire, de l'autre, la romance mondaine; la première gravement écoutée, la seconde ironiquement applaudie. Dans ces deux tableaux, M. Worms avait encore affirmé l'opposition; l'un était peint avec simplicité, l'autre avec recherche. La *Ronda*, traitée sévèrement, était plus particulièrement appréciée des artistes; la *Romance à la mode*, pleine de détails spirituels, avait surtout pour admirateurs les gens du monde.

E. COURBET.

16

LA VIGILANCE

EAU-FORTE PAR

JULES JACQUEMART

D'APRÈS UNE PORCELAINE ÉMAILLÉE DE M. SOLON—MILÈS

propos de l'exposition organisée, en 1865, par *l'Union centrale des Beaux-Arts appliqués à l'Industrie*, la critique signala comme une des plus agréables réussites de la céramique contemporaine, les pâtes rapportées sur porcelaine qui ornaient les vitrines de M. E. Rousseau. Elles étaient l'œuvre d'un jeune sculpteur attaché à la manufacture de Sèvres, M. Solon-Milès. Le procédé date d'une vingtaine d'années, & n'appartient point en propre à M. Solon. Mais cet artiste lui fait exprimer des effets si délicats, il l'a rendu si caractéristique par l'ingéniosité de ses compositions, que le public des gens de goût n'a point cessé — & cela est justice — de lui en attribuer la paternité artiste.

Voici, très-brièvement résumé, comment on obtient ce charmant décor. L'habile & brillante eau-forte de M. Jules Jacquemart en traduit très-fidèlement l'aspect général, à la fois semi-opaque & semi-diaphane.

Sur un dessous de porcelaine unie, l'artiste applique préalablement, soit au pinceau, soit par un trempage, une couche plus ou moins égale de pâte colorée par des oxydes métalliques : puis sur cette surface imprégnée, soit de vert, soit de bleu, soit de rose, soit de gris rompus, il superpose avec son pinceau des couches successives de pâte blanche liquide, ébauchant les formes mères de ce qu'il a le dessein de représenter. Cette pâte ou ces pâtes, car on peut les choisir de différents tons, séchant rapidement, arrivent à former une certaine épaisseur, dans laquelle l'artiste creuse & cisèle, à l'aide de râpes ou d'outils tranchants, les plans & les détails de son ornement ou de sa figure. Ce fragile bas-relief subit une première cuisson, qu'on nomme

« le dégourdi, » & est plongé dans de l'eau saturée d'émail de porcelaine. Vient alors la cuisson définitive. Épreuve pleine de périls! Le céramiste s'estime heureux, lorsque, sur une fournée de dix pièces, deux ou trois ont résisté, & n'ont subi ni déformations, ni coups de feu, ni piquassures. Au milieu des caprices impossibles à régler d'une température de plus d'un millier de degrés, la pâte qui accentuait les hauts-reliefs a dû s'émailler sans s'affaisser sur elle-même, & sans altérer le dessin : les arêtes, qui étaient les plus saillantes, doivent avoir conservé assez d'épaisseur pour exprimer, par leur matité, les parties pleines des corps, tandis qu'au contraire les plans réservés plus minces laissent transparaître, dans de certaines mesures, la coloration primitive du fond, &, par leurs valeurs plus ou moins éteintes, rendent, jusqu'à l'illusion, le modelé des chairs, les plis des fines draperies, les spirales de l'encens qui fume.

Que ce décor orne les flancs d'une aiguière, le fond d'un plat de dressoir, la surface d'une plaque embordurée d'ébène ou encastrée dans le ventail d'une crédence, il offre toujours une harmonie bien plus douce que les biscuits de Wedgwood, dont les motifs se silhouettent en blanc sec sur un fond bleu uniforme. Il se prête aux délicatesses, mais non aux puérilités de l'exécution. Par son aspect un peu flottant, il repousse l'imitation littérale de la réalité, & ne s'accommode que de la fine fleur de la fantaisie. Il lui faut, comme aux dessins sur papier bleu de Prud'hon & aux sanguines estompées du Corrège, des ébauches de sourire & des caresses de geste.

A l'Exposition universelle de 1867, M. Solon a obtenu une médaille pour ses travaux à la manufacture impériale de Sèvres. Plusieurs grands fabricants avaient décoré, avec ses plaques en pâte rapportée, des meubles de haut prix. Il y avait encore, parmi les orfévreries de M. Froment Meurice, une svelte figurine de femme, exécutée en argent sur un de ses modèles. Il a, de plus, gravé à l'eau-forte une série intéressante de compositions applicables à la décoration, sous ce titre : *Inventions décoratives*. Il est élève de l'atelier de M. Lecocq de Boisbaudran.

L'œuvre de M. Solon-Milès est imprégné à doses égales du caprice antique & du sentiment moderne. C'est celui d'un poëte qui s'est endormi en murmurant les épigrammes dernières de l'Anthologie, & qui s'est réveillé pour les traduire en sculpture céramique. La pensée, finement poétique, y raille mystérieusement nos grandes aspirations de clarté. Telle, dans le sujet qui accompagne ces lignes, cette jeune *Vigilance* ouvre, les yeux à demi clos, les portes d'un sanctuaire bizarre, aux coups redoublés que frappe l'Amour sur une cloche de cristal.

PH. BURTY.

FRANCESCA DI RIMINI

D'APRÈS LE DESSIN ORIGINAL

DE INGRES

(APPARTENANT A M. EUGÈNE LECOMTE)

IEN qu'il passe pour le chef des classiques, parmi nos contemporains, Ingres fut un romantique à sa manière. Il le fut par un amour de la nature qui n'existait déjà plus, au temps du premier empire, dans l'école d'où Ingres était sorti, si ce n'est chez Gros; mais il fut surtout romantique par le choix de certains sujets du moyen âge, que David & ses fidèles auraient certainement répudiés. Descendre de l'absolu des formes & des draperies au contingent du costume, & de la chlamyde au pourpoint, c'eût été, aux yeux de David, déroger à la dignité d'un art qu'il croyait fait pour représenter les héros & les dieux.

Ingres fut des premiers à prendre des sujets dans l'histoire moderne, comme ceux de *Léonard de Vinci mourant,* de la *Fornarina* & de *l'Arétin,* ou dans les poëtes romantiques, Dante & l'Arioste, comme la *Francesca di Rimini* & *l'Angélique.* Il fut des premiers à se séparer de l'école de David par des peintures anecdotiques, dont l'intérêt tenait en grande partie à la restitution des coutumes & des costumes d'un temps qui n'était ni l'antiquité grecque ni l'antiquité romaine. Toujours est-il que, dans la liberté de ses choix, Ingres ne s'arrêta jamais à un motif qui ne fût susceptible d'expression & de beauté, qui ne fût gracieux ou dramatique, noble par l'action ou intéressant par la qualité des personnages. L'histoire épisodique de Françoise de Rimini l'a tenté plus d'une fois. Il en a fait deux variantes en peinture & probablement plus d'un dessin. Le premier tableau de cette composition, celui dont le dessin, appartenant à M. E. Lecomte, est ici gravé d'une pointe si discrète & si délicate par M. Didier, fut peint à Rome en 1818. Le groupe principal est charmant. Avec un mouvement de cygne amoureux, Paolo Malatesta allonge son cou pour donner un baiser à Francesca, sa belle-sœur, qui en ce moment laisse tomber le livre... où ils ne liront plus ! La fille de Guido est d'une grâce touchante. Elle semble accorder le baiser qu'elle refuse. Sa tête inclinée légèrement, ses yeux baissés, ses belles mains, sa retenue dans l'abandon, sa pudeur, la font aimer du spectateur presque autant que de Paolo, &, comme dit le poëte, « on dirait que sur ses lèvres passe un doux esprit, plein d'amour, qui va disant à l'âme : Soupire ! ».

E par che dalla sua labbia si mova
Un spirito soave pien d'amore
Che va dicendo all' anima : Sospira !

Pour obtenir le pardon d'une faute qui leur coûta la vie, ces deux beaux jeunes gens n'auraient eu qu'à montrer la personne de Lanciotto Malatesta, Sganarelle boiteux, maigre & féroce, à qui le peintre n'a pas marchandé la laideur du visage, ni la disgrâce du corps, comme pour mieux faire comprendre, par ce contraste, que la beauté est aussi une cause d'absolution. Cependant, il faut convenir que le contraste, ici, a été exagéré, à ce point même que l'ignoble figure de Lanciotto touche au grotesque & diminue par là le sentiment de pitié & de terreur que la scène doit inspirer. L'exagération, du reste, est le caractère dominant dans les œuvres d'Ingres. Ce qui, chez d'autres, est senti, chez lui est ressenti. Mais une chose admirable, c'est la bonne foi profonde avec laquelle il pousse son expression jusqu'à l'hyperbole, & quelquefois son mouvement jusqu'à l'impossible. Il eût été bien surpris, ce maître toujours sincère, toujours naïf même, si on lui avait dit que la figure de Paolo présentait, dans la tension du cou, un excès de longueur & de gonflement, car lorsqu'il dépassait les limites de la vérité, il n'en avait pas conscience. Il ne faisait que traduire avec force sa manière de voir, sa manière d'être.

Croirait-on que ce tableau, malgré tout si précieux par les raffinements du dessin, par la grâce de Francesca, par ses mains d'un modelé si fin & si doux, par le choix & la cassure des plis de sa robe, par la passion enfin, si violente & si contenue, qu'il exprime dans les deux figures principales, croirait-on, dis-je, que ce tableau, envoyé à la Société des amis des arts, y fut accueilli avec une extrême indifférence, & ne fut pas même acheté par la Société au prix misérable de six cents francs qu'en voulait l'auteur? Ce fut M. Turpin de Crissé qui en fit l'acquisition pour son compte, & c'est lui qui l'a légué au musée d'Angers. Une variante de la *Francesca di Rimini* fut vendue par Ingres au prince de Salerne. Le personnage de Lanciotto Malatesta y était dans un autre mouvement, & moins sacrifié. La composition que le lecteur a sous les yeux a été lithographiée par Aubry Lecomte, qui n'a reproduit que le groupe des deux amants, & n'en a pas même dessiné la figure entière. Ce qu'il en a conservé est touché d'un crayon amoureux, dont la suavité conviendrait mieux peut-être à redire la grâce tendre & abandonnée de Prud'hon, que la grâce toujours un peu fière qui appartient à Ingres.

CHARLES BLANC.

LE MUSÉE UNIVERSEL

SOMMAIRE DE LA PREMIÈRE SÉRIE

Portrait d'Andrea Salaï (Musée du Louvre), gravure de M. Ad. Didier, d'après Léonard de Vinci; texte par M. Charles Blanc.

Costume de femme (Musée de Bâle), par M. Lièvre, d'après Hans Holbein; texte par M. Paul Mantz.

Promenade vénitienne (Collection de Mme la baronne Nathaniel de Rothschild), gravure de M. Bracquemond, d'après Bonington; texte par M. E. Courbet.

Coffret en émail (Collection de M. le comte de Nieuwerkerke), par M. Lièvre; texte par M. Darcel.

La Servante, gravure de M. Bracquemond, d'après M. Henri Leys; texte par M. Ph. Burty.

Horloge, style renaissance (Collection de M. F. Barbedienne), par M. Lièvre, d'après M. Constant Sévin; texte par M. Alfred Darcel.

Charles Ier (Musée du Louvre), par M. Lièvre, d'après Antoine Van Dyck; texte par M. Ernest Chesneau.

Souvenir de Cernay, eau-forte par M. Jean Achard; texte par M. E. Courbet.

Le Printemps (Collection de S. A. I. Mme la Princesse Mathilde), gravure de M. Rajon, d'après M. Charles Marchal; texte par M. Ernest Chesneau.

L'Aurore, eau-forte par M. Charles Daubigny; texte par M. Ph. Burty.

Jeune Berger (Collection de M. Émile Galichon), gravure de M. Didier, d'après Giulio Campagnola; texte par M. Émile Galichon.

Ronde d'enfants (Collection de M. Émile Galichon), gravure de M. Baudran, d'après Domenico Campagnola; texte par M. Émile Galichon.

L'Entrée du village (Collection de M. Detrimont), lithographie de M. Charles Vernier, d'après M. Corot; texte par M. E. Courbet.

La Maréchalerie, eau-forte par M. Charles Jacque, texte par M. Ph. Burty.

Coffret, style de l'époque Louis XVI (Collection de M. F. Barbedienne), par M. Lièvre, d'après M. Constant Sévin; texte par M. Alfred Darcel.

Un Vanneur (Collection de M. Hadengue), lithographie de M. Charles Vernier, d'après M. J.-F. Millet; texte par M. Ph. Burty.

Un Bouleau des gorges d'Apremont (Collection de M. Jules Michelin), gravure de M. Chauvel, d'après Th. Rousseau; texte par M. Ph. Burty.

Le Parc (Collection de Mme Riant), gravure de M. Ch. Courtry, d'après Lajoue & Vatteau; texte par M. E. Courbet.

Pilate se lavant les mains (Musée de Bâle), gravure de M. Rade, d'après Hans Holbein; texte par M. Paul Mantz.

Chevaux de Cosaques par un temps de neige (Musée du Luxembourg), gravure de M. Ch. Courtry, d'après M. Adolphe Schreyer; texte par M. E. Chesneau.

La Mare, eau-forte de M. Jules Michelin; texte par M. Ph. Burty.

Louis XI visitant le cardinal La Balue, tableau appartenant à M. Auguste Cain, gravure de M. Feyen-Perrin, d'après M. Gérome; texte par M. Ernest Chesneau.

La Ronda, tableau appartenant à M. le comte de Périgny, gravure de M. A. Masson, d'après Jules Worms; texte par M. E. Courbet.

La Vigilance, gravure de M. Jules Jacquemart, d'après une porcelaine émaillée de M. Solon-Milès; texte par M. Ph. Burty.

Francesca di Rimini (Cabinet de M. Jules Lecomte), gravure de M. Ad. Didier, d'après le dessin original d'Ingres; texte par M. Charles Blanc.

PARIS. — J. CLAYE, IMPRIMEUR, RUE SAINT-BENOIT, 7.

LE MUSÉE UNIVERSEL

Paraissant une fois par mois, le *Musée universel* sera composé de gravures accompagnées chacune d'un texte biographique, historique & descriptif par les écrivains les plus autorisés en matière d'art, & reproduira les œuvres choisies dans les musées, bibliothèques, collections, monuments & galeries particulières, ainsi que les œuvres contemporaines & notamment celles qui ont figuré aux Expositions universelles.

Les 12 livraisons de l'année, comprenant 25 planches & leurs textes, formeront un beau volume grand in-4°.

CONDITIONS DE LA SOUSCRIPTION

TROIS MOIS, 7 FR. 50; SIX MOIS, 15 FR.; UN AN, 30 FR.

Soixante exemplaires numérotés,
imprimés sur papier de Hollande, sont réservés aux amateurs.
Le prix de ces exemplaires est de 50 fr.

ON SOUSCRIT

EN ENVOYANT UN BON SUR LA POSTE AUX ÉDITEURS

GOUPIL & CIE

19 boulevard Montmartre, & rue Chaptal 9

OUVRAGES DU MÊME AUTEUR

LA COLLECTION SAUVAGEOT. 2 volumes in-folio. Prix. . . . . 180 fr.
LES COLLECTIONS CÉLÉBRES D'ŒUVRES D'ART. 1 volume in-folio. Prix. 120 fr.

PARIS. — J. CLAYE, IMPRIMEUR, RUE SAINT-BENOIT, 7.

www.ingramcontent.com/pod-product-compliance
Lightning Source LLC
Chambersburg PA
CBHW071334030726

47594CB00002B/650